Buddhist Philosophy
in Bustling Three Thousand-fold World

Meeting Buddha in Movies

繁華三千

在電影中遇見佛陀

李治華 著

推薦序

菩提「影」現中

追劇，是時下年輕人的最愛；追劇追到連課也不上，是這時代老師們最頭疼的事。現在人手一機，不管有事沒事，大家總會玩一回手機；相形之下，單調又枯燥的課程，要吸引學生的上課興趣，實屬不易。肩負傳道、授業、解惑之神聖使命的老師，若沒有吞劍、跳火圈等十八般武藝，著實難以吸引學生關注的眼神！

李老師在佛學課程中以電影輔助教學，使艱澀的佛學變得生動而有趣，是深受學生歡迎的老師，也是學生搶先報名的熱門課程。電影與佛法的碰撞，使愛看電影的人看到了電影中未見的深度，品嘗到菩提法味如何在喜怒哀樂的生命中滋潤流動；而不看電影的人也因李老師巧妙的運用電影情節，使深奧難懂的佛法義理豁然開解，乃至因此而活懂了佛法。

李老師以佛法解析電影，談笑之間就風生水起，看似信手拈來，其實背後蘊含了深厚的功力和靈動的慧悟。佛學底蘊不夠深厚，道不出以單一經論來詮解電影；參悟的慧力不夠靈透，講不透電影中的深厚法味。李老師說，他是因讀古德疏解《華嚴經》的表法意涵，才有此慧悟。而專研《華嚴經》的我，研讀古德註疏多年，都未能有此慧悟，著實甘拜下風。

人生如戲，空花水月一場，若能從人生這場大戲參悟出其中的菩提法味，當電影落幕之時，就不枉做這場大戲的頭號主角了。古偈有云：「眾生心水淨，菩提影現中。」（《華嚴經行願品疏鈔》）李老師能看透每場「電」光雲「影」的菩提法味，不正是體現了「菩提影現中」？

這本跨界書寫的新書，實屬難得，可從五方面略談其貢獻：

1. 開拓佛學影評的新境界：李老師首創以佛經與電影的互詮方式撰寫專欄，他講電影，鮮少挑選明顯具有佛學性質的影視作品，大多是從時下的主流電影著眼，積極疏通佛法與世間法的形式隔閡。若非精通佛學思想與熟悉電影情境，斷然無法完成古典佛經與世間電影的雙向對話。

2.啟發佛經文藝創作想像：一般大眾總以為佛典艱澀難懂，與現代人有著天壤之別的距離。李老師結合佛典詮解電影的創意，可啟發讀者運用佛典再行文藝創作的發想空間，令人感受到佛典的經文法義是可以透過藝術創作的方式來呈顯。

3.電影輔助佛經推廣教學：李老師以百部的影視作品結合佛經思想，推廣佛學經教，首先從《楞嚴經新詮》的十部電影，到本書三十四部電影，包含系列子題，有：生死學七部、般若八部、《法華經》五部、《華嚴經》十四部（其中善財參訪有九部）。

此外，李老師曾發表四篇有關佛經與影視的學術論文，其中探討《金剛經》、《心經》、《華嚴經》都各採用了二十多部影視作品，蒐羅影音資料的難度之高，遠超乎以網路搜尋文字資料，所以這幾篇論文的創作格外難能可貴。

4.匯集老少咸宜動畫電影：本書的動畫電影占十五部之多，讓喜歡卡通、動畫的影迷大飽眼福。其中有迪士尼、皮克斯、夢工廠的《獅子王》、《冰雪奇緣》系列、《尋龍使者：拉雅》、《魔法滿屋》、《星願》、《可可夜總會》、《元素方城市》、《功夫熊貓》系列，尚有美國超英系列的《蜘蛛人：新宇宙》，日本的《謝謝你，在世界的角落找到我》、《哆啦A夢》系列、《天氣之子》、《龍與雀斑公主》、《鈴芽之旅》、《名偵探柯南》系列。另還有由動畫改編的五部真人版電影：迪士尼的《小飛象》、《阿拉丁》、《黑魔女》系列、《花木蘭》，日本的《神劍闖江湖》系列。

5.運用新科幻或超英電影：現代新奇前衛的科幻電影發達，深受年輕族群喜歡，本書有五部美國科幻超級英雄電影：《復仇者聯盟》系列、《魔比斯》、《雷神索爾》系列、《蜘蛛人：新宇宙》、《神力女超人》系列，另有：《阿凡達》系列、《A.I.創世者》。此外，李老師尚有結合華嚴境界與科幻電影的專題論文。

如何活出佛法，是佛法現代化最重要的課題，李老師從佛經看電影，走出佛教現代化的一條新穎之路，在教學上獲得廣大的回響之後，也希望更多人都能受惠，法鼓文化出版這本好書，願大家都能看懂人生中有佛法，佛法就在生活之中。

陳琪瑛
華嚴專宗研究所教師
二〇二五年一月七日

自序

一步一境一花新

於華梵大學與法鼓山、華嚴專宗研究所、圓光佛學研究所等諸多佛教機構任教近二十年以來，同時致力佛學的研究和推廣，努力從事佛經的現代詮釋。授課中經常在想：如何把古典深奧的佛經思想，以現代人容易領受的方式講解出來？這應該是現代弘經者的共同心聲吧！

二〇一四至二〇一七年受邀在法鼓山《人生》雜誌撰寫「楞嚴導讀」專欄，我以深入淺出的方式導讀經義，但自覺仍不夠生動活潑，於是開始搭配電影闡釋經文，其中運用了十部電影，將深奧的經義以更靈活、現代的方式呈現出來，二〇一八年法鼓山付梓出版：《楞嚴經新詮》。

以電影詮經受到諸多回響與肯定之後，《人生》雜誌遂邀我主筆「電影與人生」的專欄。本書便是二〇一七至二〇二四年電影專欄的三十四篇影評結集修訂而成。

在此期間，另曾發表四篇有關佛經與影視的學術論文，於華梵大學舉辦的第二屆、第三屆佛教藝術國際學術研討會發表〈從《金剛經》看影視作品中「空境」的展現〉、〈從《華嚴經》看科幻電影中「無礙」境界的展現〉，東方人文思想學術研討會發表〈般若的安心之道——以《心經》在影視中的援用表現為例〉，另於華嚴專宗國際學術研討會發表〈《華嚴經．覺林菩薩偈》新詮——從傳統判教與當代影藝詮釋〉。

筆者撰寫佛學影評，不是隨意而為，而是以「活學活用佛經佛法」為創作理念：

1. 佛經與電影的對話：或許有人會問：「佛經是出世間法，如何能用世間電影講解佛法？」誠然電影雖然多屬世間法，但佛經其實是「世出世法」，不離世間又出世間，正如禪宗六祖惠能大師說：「佛法在世間，不離世間覺。」佛經中就常見佛先說屬於世間法的故事情境，然後才用佛法解讀故事中譬喻類比的法義。同樣，運用佛經與電影的互相詮釋，讓佛經的智慧在電影情節之間靈動遊走，佛法因電影而更貼近世人生活；而電影也在佛學視野的拓展下，開出深刻而超俗的意境，以佛法深化世間法，呈顯出生活佛法化的美妙。在佛經與電影對話的精神下，各篇影評常以經文為開頭，而佛學與電影的比例各半，交互呈顯。

2. 電影是世界的櫥窗：電影是現代世界的文化櫥窗，普及性高，影響力大，如《阿凡達》、《冰雪奇緣》，上映後均掀起全球旋風熱潮。有鑑於此，撰稿期間優先選擇當時上映叫好又叫座的院線經典級電影，例如迪士尼經典動畫電影、科幻大片超英系列，期望以「佛教經典與經典電影的對話」結合古典佛經與時下的大眾文化，用流行的優質電影引導年輕人樂於親近佛法。

3. 好電影必有好佛法：真理無處不在，觸目皆道，只要秉持好電影其中必有好佛法的信念，反覆參究選定的電影，創作理念、劇情發展、敘事模式、拍攝手法、特寫鏡頭、人物性格、場景布置，總能從中發現呼應佛法的精闢內涵。

4.單一經論為主配套：撰寫方式常是以一部經典、一段經文或一套佛學理論，做為一篇佛學影評的架構，而不是就電影劇情隨機談論佛法的「散打」方式。經論與電影一對一的配套，有利於推廣特定經典與佛學理論的教學；當然，如此一來勢必大大提高撰稿的難度，曾經查閱上千筆資料，只為寫好一篇影評。不過只要工夫下得深，總會柳暗花明、靈光乍現。

本書的產生，感謝法鼓山《人生》雜誌歷時七年三十四期的刊載，法鼓文化的悉心編輯，以及任教學校、道場師生的支持鼓勵，並感恩父母、內人、所有親朋好友的愛護照應。

華梵大學佛教藝術學系佛學組教師
李治華
二〇二五年一月一日
於桃園成章書齋

導讀

活學活用佛經佛法

隨著科技日新月異的迅速發展，網絡資訊、人工智能、虛擬世界愈益大行其道，傳統文化與現代世界也愈加隔閡遙遠，唯有與當代流行文化接軌，佛法才得以落實在現代生活中。而電影最能反應時代潮流，宛如現代文化的美麗櫥窗，以其普受大眾歡迎的特質，將之與佛法連接對談，是推動佛法現代化、普及化不可或缺的善巧方便。

本書正是藉由電影來談佛法，或可說是透過佛法來看電影，內容共分五大主題，三十四篇影評。茲先敘明各主題的佛學內涵，提供做為相關影評的佛學背景知識。明瞭理論之後，再看影評事例，將更能掌握各篇影評如何活用佛法的脈絡，並促進體悟「佛法在世間」的意義。

一、生死自在

現代社會的生、老、病、死，在在造成對生命價值與人性尊嚴的考驗與啟示，促成現代生死學的興起。

佛教原就注重生死問題，常謂「生死事大」，佛學可說就是生死學。佛教主張，凡夫處於「六道輪迴」之中，輪迴是依自己前世造作的善惡業力為因，而產生的生死果報。生而為人是因持守「五戒」，符合人間的道德標準。投生天道則因行持更加細緻的「十善」，乃至修學禪定。眾生在輪迴中忽上忽下，時好時壞，難以長久安樂，唯有轉凡成聖才能跳脫輪迴，邁入超越生死、永恆安樂寂靜的「涅槃」精神境界。

輪迴的根本原因是貪愛自我的「我執」，凡夫與生俱來帶有我執，自我中心、自我優位，做善事期望自己可得好報，若別人對我做惡，則希望他罪有應得，等而下之，自私自利，無惡不做。反之，若朝向「無我執」與「慈悲喜捨」發展，就能逐漸擺脫輪迴中自他相對的計較心態與酬還報應，進而超越輪迴，成為自我解脫的小乘聖人「阿羅漢」，或者成為發願普度眾生的大乘「菩薩」，菩薩最終走向完全覺悟而成「佛」。

「苦、集、滅、道」的「四聖諦」指出，輪迴是惑業招集而來的苦果，唯有修道才能走向解脫的寂滅樂境。四聖諦的開展則形成「十二因緣」，過去、現在、未來不停的生死輪迴具有「無明、行、識、名色、六入、觸、受、愛、取、有、生、老死」等十二種因緣鎖鏈，環環相扣，修道便是要斷除無明貪愛。

超越輪迴另有善巧方便的方法，就是發願往生佛菩薩建立的淨土，在清淨安穩的環境中再轉凡成聖。大乘佛教中最流行往生的淨土便是「阿彌陀佛」大願建立的「西方極樂世界」，依仗平日切實的「信、願、行」與臨終的念佛，就可以達成往生的目標。

我們生命是由「色、受、想、行、識」的「五陰（蘊）」組成，「陰」是指覆蓋智慧光明，六道輪迴從死亡到再生的中間過渡時期的生命，稱作「中陰身」。中陰時期，頂多四十九天就會投生形成下一世的生命。處於中陰身的亡靈，依其善惡業力，將顯現彷彿好夢或惡夢的種種景象，此時應為亡者進行「超度」，如誦經念佛、印經供養、積福行善，功德迴向亡靈，在感應道交之下，冥陽皆必獲得巨大利益，進而亡靈若能發願往生極樂世界，憶佛念佛，阿彌陀佛便會現身，接引前往佛國，往生者在淨土學習成為不退轉的菩薩之後，可以憑藉願力與神通，重返輪迴世界，救度前世的親朋好友與苦難眾生，終能普令一切有緣眾生脫離苦海，同成佛道。

以下是本單元的七篇簡介（均摘自《人生》雜誌編案）：

1. 從「一心二門」看「五善、五毒、五蘊」——天使與魔鬼同在的《魔比斯》：《魔比斯》劇情架構猶如「一心二門」與「五善、五毒、五蘊」的具象演出，其實，不外眾生自心的顯現，觀影的我們正可對照、觀察眾生與自己的心相。

2. 「十二因緣」中的過客——隨遇而安的《拉辛正傳》：《拉辛正傳》是東方版的《阿甘正傳》，弱智的拉辛，令人想到周利槃特尊者，呈現真實的自己，真誠地活在當下，單純耿直的拉辛，說不定哪天遇見善知識，就能如同周利槃特一樣，領悟緣生緣滅的真理吧！

3.行善去惡的「四正勤」——震災後的重建《鈴芽之旅》：《鈴芽之旅》以三一一東日本大地震為背景，結合日本神話的精怪元素，遺孤高中少女鈴芽展開心靈成長的冒險旅程，蘊藏了「四正勤」的心性意涵與修行法義。

4.天堂只在目前——戰亂中的希望《謝謝你，在世界的角落找到我》：戰爭，究竟是為誰而戰？生活在戰爭下的人民，只能努力地活下來，儘管生命如風中飛散的花絮，如飄落的海鳥翅羽，女主角鈴仍在平凡的日常中，哭著並笑著向前走，在男主角周作的呵護下，一起找到生命的出路。

5.一天的生死輪迴——時空迴旋的《還有機會說再見》和《忌日快樂》：時空輪迴是電影喜愛探討的主題，《還有機會說再見》與《忌日快樂》不約而同以青少年為主角，利用年輕、不成熟、迷惘、荒誕行徑等，來對比成熟大人對待生死的態度，更嘗試在重複中創造生命的價值，感受真實的存在。

6.穿越死後的世界——逝者活在你我心中《可可夜總會》：以墨西哥亡

靈節為故事背景，喚起我們久違的想像力，想像死後世界為「夜總會」，和主角小格一起穿越，經歷親情、夢想的奇幻之旅，找到家人與家庭的單純且重要的價值。

7.超越生死的慈悲——迷霧中的人心《全面霾伏》：《全面霾伏》被稱為「佛系」災難片，沒有好萊塢電影的誇張特效，也沒有個人英雄主義，當毒霾來臨時，看著法國市井小民冷靜逃命的反應，為何令人如此悸動？

二、般若妙慧

「般若」（Prajñā）是妙智慧，常是指領悟「緣起性空」的空慧，般若空慧是佛門共法、佛法精髓。一切現象都是緣生緣滅，不是恆常不變的實體，就稱為「空」。空並非一無所有，空與「假有」是一體兩面，一切現象假有、非實有，「如夢幻泡影，如露亦如電」，就是空。

眾多的般若經典，以談「空」為特色。唐代玄奘大師譯的六百卷《大般若經》為最大部的《般若經》，因為部頭太大，歷來較少講讀流通。漢傳佛教常講的般若經典是玄奘大師譯的《般若波羅蜜多心經》，與姚秦鳩摩羅什大師譯的《金剛般若波羅蜜經》。

《心經》全文只二百六十字，是《般若經》的濃縮精華，具有經文短、價值高、流通廣、持誦易的優點。經中以「五蘊皆空（色空相即）」、「諸法空相（不生不滅）」總說現象緣起性空、假有不實；再從六根、六塵、六識組成的世間法，到十二因緣、四諦的出世間法，到無智亦無得的菩薩成佛大法；再從顯教到密咒。《心經》以清晰的概念體系，總攝般若精華，常做為佛門課誦。

羅什譯的《金剛經》，對應到《大般若經》的第五七七卷，可說是《大般若經》的精華，而《心經》又是《金剛經》的精髓。

「空」是總攝性的概念，而《心經》與《金剛經》在表達「空」義的風格上迥然有別。《心經》開宗明義就講「空」；而《金剛經》全經未說一個「空」字，但都在描寫空的意境，如空山幽谷、靈氣瀰漫，難以把捉。《金剛經》相當生活化、情境化，師徒對話充滿禪機，說法活潑，啟發性強，開放性大，意韻無窮，本經是從信、解、行、證的體悟上呈顯空的境界，時時流露無執超脫的空靈禪意。經中以修行的心境來表達空意，強調實際修行不執著、看得開，日常生活遇境逢緣，以無相、無住、無念的心境面對一切，「凡所有相，皆是虛妄，若見諸相非相，即見如來。」、「過去心不可得，現在心不可得，未來心不可得。」處處都呈顯出空的意境。

《金剛經》可謂是漢傳佛教「般若禪」的代表經典。唐代禪宗六祖惠能大師就是在聽聞到《金剛經》「應無所住而生其心」的當下，豁然開悟了自己本具的佛性，這透顯出空性與佛性其實一體兩面。「佛性」是指眾生內在都具有成佛的光明本性，好比人有善性，可以成聖成賢，而眾生有佛性，未來都將成佛。《六祖壇經》是中華祖師禪的代表作，以「無念為宗，無相為體，無住為本」，發揮《金剛經》的般若精神，也可說是「佛性版的《金剛經》」了。

以下是本單元的八篇簡介：

1. 金剛般若的無住生心——通過愛的試煉到彼岸的《西遊記・女兒

國》：問世間情為何物？《女兒國》闡明無論人或妖都有七情六欲，但令心迷惑的不是情愛，而是無始劫來的無明煩惱，面對兒女情長，唐僧選擇愛一個人？還是愛眾生？

2.大破大立的勇氣——當《雷神索爾》遇見孫悟空：當西方雷神遇到東方悟空會碰撞出什麼火花？從《雷神》四部曲與《西遊記》的劇情中，進行有趣的對照解讀，雷神索爾與猴神悟空皆活出真實的自己，兩人若能相遇，必將相視莫逆、惺惺相惜。

3.從對立到不二法門——正邪大戰的《復仇者聯盟》：不論古今、東西，英雄主義不死，英雄常是電影中不可或缺的角色，英雄也從凡人之軀，進化到超人、異能者。然而何謂正義，憑誰來定？如何才能打破「救世主」的框架，超越無盡的正邪大戰，真正實現人間樂土？

4.殺活自在的慧劍——尋找劍道奧義的《神劍闖江湖》：《神劍闖江湖》系列電影刻畫殺手劍心的轉變，從千人斬「拔刀齋」到救人的「活人劍」；劍在佛教中是墮魔、成佛的雙面刃，央掘魔羅劍指佛陀，文殊菩薩執劍破煩惱。然而，用劍的最高境界是劍空、人亦空。

5.踏入真空妙有之境——打開心世界的《冰雪奇緣》：《冰雪奇緣》透過冰雪女王艾莎，帶我們走入冰雪城堡與魔法森林，了解自然界的冰雪，以及地、水、火、風所蘊含的神祕力量，更是她尋找自心的覓心之旅，冰雪終成奇緣，也猶如踏入真空妙有之境。

6.「四大皆空」的緣起和合——地水火風四族共生的《元素方城市》：《元素方城市》以豐富的想像力，將土（地）、水、火、風四大元素擬人化，表現出四種類型迥異的有情生命型態，四大元素並非獨立自存，更非水火不容，端看我們能否從中領略異中求同、同中存異的圓融智慧！

7.物性、人性、佛性的昇華之道——人工智慧的仿生人《A.I.創世者》：A.I.浪潮正席捲全球，《A.I.創世者》涉及許多A.I.議題，佛教經典對「機關木人」的諸般描述，提供我們對於現代A.I.機器人發展的省思，更可深思從物性、人性到佛性的昇華之道。

8.轉八識成四智——如神龍自在的《功夫熊貓》：從唯識看《功夫熊

貓》系列電影，每種動物角色都可象徵我們心識的某一部分，自己目前類似哪一種角色？我們能否如阿波、小真般地勇敢跨越自我，邁向自我成長、轉識成智的道路呢？

三、法華成佛

漢傳佛教流通普及的《法華經》，是鳩摩羅什大師譯的《妙法蓮華經》，共七卷二十八品。

《法華經》尊為「經王」，地位崇高，影響廣泛深遠，猶如教育體系中的「教育部」，暢談教育理念、精神、方法與多元開闊的學習面相。本經開示佛陀教育的總綱，闡釋佛陀施教的權巧方便、契機接引與實際歸趣，令眾生能悟入佛的知見，究竟得以成佛。

法華經文雖然未見「佛性」一詞，但本經的精神在於讓眾生都能成佛，這就預設了眾生皆有佛性，因為要有佛性，才能成佛！

此經前半注重解門，運用諸多譬喻「開權顯實」，廣予小乘、大眾授記成佛，乃至惡人提婆達多與小龍女皆成佛道，古佛多寶如來的寶塔從地踊出，證明法華教義真實不虛。後半部經廣宣行門，佛菩薩紛紛現身說法，常不輕菩薩逢人禮拜、藥王菩薩焚身供佛、妙音菩薩伎樂供養、觀音菩薩慈悲救度、護法龍天誓願護法、普賢菩薩傳經願行，佛菩薩以自身願行啟發大眾，十分精彩活潑、撼動人心，〈觀世音菩薩普門品〉更是普為信眾受持讀誦。

本經文學優美，以豐富的譬喻和故事鋪陳佛法，如著名的火宅喻、窮子喻、藥草喻、化城喻、衣珠喻、髻珠喻、醫子喻等「法華七喻」。在法華哲學上，天台宗的詮釋精闢絕倫，揭示此經純圓獨妙，融會三乘差別，同歸於一乘佛道，是開權顯實、暢佛本懷，在修行上則指出眾生本性具足染淨善惡，一個念頭可以通向或染或淨的三千境界，故當警切地在一念心上進行空假中三觀。另經中女性（小龍女）成佛、人間（彌勒）淨土、逆行（提婆達多）菩薩等議題，至今仍備受探討。

以下是本單元的五篇簡介：

1.《法華經．方便品》的教育精神——有教無類的《我的嗝嗝老師》：一位妥瑞症的嗝嗝老師，一群貧民窟的學生，彼此帶著暗黑的過去相遇了，在這個非典型的教室裡，在愛與包容的催化下，將產生什麼樣的化學反應？

2.善巧方便的開權顯實——展現奇蹟的《小飛象》：從動畫版到真人版，小飛象勇敢向前、創造奇蹟的精神，始終鼓舞並感動觀眾，正如《法華經》的譬喻故事皆告訴我們：透過找回自己，開發無限的潛能，因為佛性本具，只待你我的開發。

3.開示悟入成佛之道——幼獅的成王之路《獅子王》：佛典中常以「獅子」象徵法王佛陀，從《法華經》中的譬喻，解讀《獅子王》辛巴邁向王者之路的過程，萬物皆演妙法，每個人也許都像小獅子曾經迷失，忘了「我是誰」，唯有找回本心，才能重返正途，成為真正的「獅子王」。

4.人間菩薩行——肯定女性成就《首席指揮家》：獲譽「史上最偉大女指揮家」的安東尼婭，她的勵志故事被改編為《首席指揮家》，除了描述自身力爭上游的努力，奮鬥過程中，更受到許多人的幫助，那些人就像《法華經》中描述的菩薩典範，示現人間菩薩行。

5.《法華經．普門品》的自性具足萬法——善惡一念的《黑魔女》：黑魔女是壞人？善惡是絕對的嗎？人類可征服自然嗎？《黑魔女》可說是《法華經．普門品》轉念法門的西方版演繹，從中體悟「念彼觀音力」的真義，也呼應天台宗的「性具善惡」、「性具萬法」之說。

四、華嚴境界

《大方廣佛華嚴經》有三種中譯本：佛陀跋陀羅的晉譯（舊譯）六十卷本、實叉難陀的唐譯（新譯）八十卷本，另有般若的唐譯四十卷本，是前兩譯的最後一品〈入法界品〉的廣本，全稱為《大方廣佛華嚴經．入不思議解脫境界普賢行願品》。三譯中以《八十華嚴》最為後世普遍採用，經文分為七處九會三十九品。

《華嚴經》有「經王」的美譽，古德謂「不讀《華嚴經》，不知佛富貴」，本經以開闡「佛境界」與菩薩入佛境界為特色，猶如教育體系中最高的「博士班」教材，佛眼所見的境界，廣大富麗、神聖莊嚴、圓融無礙、不可思議。現代哲人方東美教授極力推崇本經是：「將佛的智慧與成就彰顯出來，而以無窮的理想來建設、點化物質世界與生命境界，成為道德、藝術、宗教上的圓滿境地。」

或問：「《華嚴經》博大高深，適合我們薄地凡夫閱讀嗎？」其實，《華嚴經》常以具象場景表達法義，擅長以萬物說法，讀誦本經彷彿進入佛教神聖藝術殿堂，當我們旅遊去看高山、大海、園林、建築、大寺院、博物館，豈會因其涉及的知識與境界太過高深，就不想去看，也不聽導覽講解？所以，我們可以調整心態去閱讀本經，先用欣賞的心情品味沉吟，而非急於看懂，久讀後自有感觸與入處。

華嚴宗常以「四法界」解說事物存在的狀態：1.事法界：現象事物是有隔礙的存在狀態，以水的波動比喻，此波非彼波，但這只是事物的表相。2.理法界：萬法以心性為本體，以水波譬喻，波代表差別的現象，水的本身則是本體，本體是一切表相事物共同的實相真理。理法界就是「佛性」，也常稱為「常住真心」、「本心本性」、「如來藏」，是隱藏在眾生煩惱身心中本具的如來佛性。3.理事無礙法界：萬法唯心顯現，如水即波，波即水。4.事事無礙法界：任一事物都融入全體，彼此無礙，一即一切，一切即一，如波波相連，任一波動都攝收通向一切水波。華嚴法界是以心性本體為本源，萬法唯心所現事事無礙的圓融境界，這是佛所見的世界真相、神聖法界，此法界狀態亦稱為「性（佛性）起」、「法界緣起」，華嚴學也常用「十玄門」、「六相圓融」闡釋圓融自在的佛境界。

「華嚴三聖」是指釋迦佛的圓滿法報身「毘盧遮那（光明遍照）佛」與大智文殊菩薩、大行普賢菩薩，本經菩薩道開闡智行合一的「普賢行」。華嚴宗以「信、解、行、證」的修行次第及菩薩五十二階位，判分本經內容，五十二階位是十信、十住、十行、十迴向、十地、等覺、妙覺（佛），這是菩薩信解行證的成佛歷程。

大乘菩薩修行「六度」法門：布施、持戒、忍辱、精進、禪定、般若，而華嚴以「十」表徵圓滿，故修「十度」。十度是指六度之後，再由般若開出方便、大願、大力、大智四度，修行者以此渡過生死大海，圓滿佛道。

以下是本單元的五篇簡介：

1.看見華嚴十玄門——穿越多重平行宇宙《蜘蛛人：新宇宙》：六位身分不同的蜘蛛人，在平行宇宙中相遇，看似非常不可思議，但從華嚴十玄門來詮釋，門門無盡，法法相通，不論身分、男女、老少，眾生都能成為蜘蛛人，在無窮盡的華嚴世界穿梭，都有無限的成佛潛能。

2.十度性格的菩薩種性——在泥濘中綻放蓮花《刺激1995》：盤據影迷心中經典電影第一名的《刺激1995》，主角安迪的名言：「人生究竟是忙著活？還是忙著死？」他始終忠於自己的選擇，好好活著更彰顯了全片強調的精神——希望、自由、不落體制化。

3.「六相圓融」與「二十五圓通」法門——神通家族《魔法滿屋》：從《華嚴經》六相圓融與《楞嚴經》二十五圓通角度，看魔法屋馬瑞加家族成員雖擁有獨特天賦魔法，卻擺脫不了共同的命運，魔法雖可展現神通妙用，終究是幻相，平常心才是道。

4.信為道元功德母——喚起人性的美好《尋龍使者：拉雅》：《尋龍使者》充滿濃厚亞洲色彩，我們從《正法念處經》、《華嚴經》解讀尋龍故事中的善惡勢力，以及龍、珠、水、魔、石、五龍、五國、五人、信心等主題，發現蘊藏其中的法義。其實人人都是尋龍使者，內心也都有一顆珍貴無比的龍珠！

5.〈覺林菩薩偈〉：心如工畫師——彩繪人生的《阿拉丁》神燈故事：中東沙漠裡流傳著古老傳說，只要獲得魔法神燈，精靈就會幫人實現三個願望。獲得神燈的阿拉丁，展開人生的奇幻之旅，經過旅程中不斷的試煉，終於體會如《華嚴經》的〈覺林菩薩偈〉所形容：「心如工畫師，能畫諸世間。」

五、善財參學

六十、八十卷《華嚴經》的最後一品都是〈入法界品〉，其廣本就是四十卷華嚴的全經，主要內容是膾炙人口的「善財童子五十三參」。方東美教授盛讚本品：「這部《四十華嚴》將是世界上面最好的哲學概論，它是根據人的天分、才情、因緣，然後指導他的天分如何發展，才情如何發揮，因緣如何了斷與把握，這些都是拿具體的生命經驗來體驗、來印證。」

善財在文殊菩薩的指導下展開五十三次參訪，參訪的「善知識」都是修行有成者，含括菩薩、法師、居士、佛母、佛妃、神仙、外道、國王、公主、商人、船師、香師、淫女、童子、童女等等形形色色的人物，包羅各種修行方法與神奇境界，《四十華嚴》的最後是「普賢菩薩十大願王」，乃華嚴行門的關要。五十三參也是菩薩五十二階位的具體展現，序幕起始的文殊一人表徵「十信」的啟蒙階段，其後依次是「十住、十行、十迴向、十地」，共四十位，「等覺」有十二位善知識，最後普賢菩薩代表「妙覺」。

參訪的場景則涵蓋：高山、黑山、刀山、巖谷、園林、樹林、大海、海岸、河沙、城市、市集、王宮、樓觀、家宅、身體、毛孔、虛空與種種神變境界。常讀經中描寫的具體場景事物，逐漸可以領略其中蘊含的佛教思想與藝文內涵，藉由佛學與境教的對照研讀，自能學到如何從抽象思維轉化對應至具體情境的方式，提升對於佛教藝文賞析與創作的佛學底蘊與能力。筆者本身亦是透過如此的學習歷程，才有能力緊密結合電影與佛法。

以下是本單元的九篇簡介：

1. 啟蒙成長的歷程——尋寶之旅《哆啦A夢：大雄的金銀島》：大雄與哆啦A夢一群人根據尋寶地圖，朝金銀島出發，碰到機器鸚鵡出謎題，他們如何解謎找到寶物？「比寶物還珍貴的寶物」究竟是什麼呢？

2. 萬物說法的境教——山林與海洋對話的《阿凡達》：《阿凡達》兩部曲主要差別在於場景從山林到海洋，高山的穩定與大海的波動，正如善財童子一生參訪中如如不動的菩提願心，變動不居的隨緣參學，「不動如山，智慧如海；不動隨緣，隨緣不動」，是人生成長寫照的山海對話。

3. 超越聖王之道——智勇雙全的《巴霍巴利王》：氣勢磅礴的場面、金碧輝煌的視覺奇觀，展現了《巴霍巴利王》印度史詩片的大格局，劇情以印度轉輪聖王思想為背景。無論是英雄、聖王，終究無法跳脫無常與輪迴，唯有修行能夠轉化自心，達致究竟的自在解脫！

4. 甘露火王的將帥之道——忠勇真的《花木蘭》：在女力當道的今日，

《花木蘭》真人版更顯氣勢，《華嚴經》提到將帥、勇猛、正邪、煉金、人城之道，與《花木蘭》電影對照起來，看到佛法生活化的生動活潑，還有生活佛法化的深刻之處。

5.最勝長者理斷事務的智慧——揭開真相的《名偵探柯南》：善財童子參訪擅長理斷事務、無礙智慧的最勝長者，其德能正是「名偵探」所應效法的，劇中柯南與夥伴以其合情合理的推斷，加上智仁勇的表現，破除迷情，解開真相，常令當事人唏噓感歎，心服口服。

6.與春和夜神同願同行——將願望化為願力《星願》：迪士尼紀念百年動畫電影《星願》的主角少女艾霞，在夜空下許願，空中降下一顆明星前來幫助她，讓人聯想到善財童子參訪婆珊婆演底主夜神，女神時而化身星辰，指引方向，如春日和風，滿眾生願。

7.與喜目夜神同精進——真善美的《神力女超人》：神力女超人身著黃金盔甲、手拿真言套索，打破謊言之神的許願石，將神力女超人與喜目夜神同參照，體悟菩薩行如夢、菩提鎧甲羂索，在在凸顯全劇真妄覺迷的意象——唯真不破、唯真至美。

8.普賢十大願王的生活應用——穿透現實與虛擬世界《龍與雀斑公主》：虛擬世界「U」彷彿唯心變現的華嚴世界，小鈴在「U」盡情展現歌唱才華，自然流露內心的美善功德，「普出無盡妙言辭」，也在現實世界找到龍、保護龍，終於點亮龍黑暗貧乏的心。

9.學習祈願法門——捨身獻祭的《天氣之子》：《天氣之子》中，晴女為人們祈願天氣放晴，佛教也喜用日光象徵光明、智慧，都是希望驅走無明、惱人的烏雲、霪雨，透過祈願，生起善念，不求回報，學習菩薩讓眾生所求皆滿，這才是祈願法門的圓滿大願。

生死大事是佛教要解決的根本問題，般若空慧是佛法的共法與修心的精髓，《法華經》是佛陀教育理念的總指導，《華嚴經》彰顯最高的圓融佛境，透過上述佛法主題與世間電影的對照，不論從多元課題、人物情節、心理行為、環境布景、藝術表現，在在顯出佛法在世間、觸目是道，端看自己能否善加體解，在生活中處處活學活用佛經佛法！

目次

貳

般若妙慧

參

法華成佛

肆

華嚴境界

伍

善財參學

壹

生死自在

從「一心二門」看「五善、五毒、五蘊」

——天使與魔鬼同在的《魔比斯》

依一心法，有二種門。云何為二？一者、心真如門，二者、心生滅門。

《大乘起信論》提出「一心二門」之說，「一心」是眾生當下的一念心，眾生心是真妄和合，分為二門：「真如門」是心的真如本體；「生滅門」是從心體而發生的作用，可以趨入虛妄，招感業苦，或者也可以返本還源，通向真理，解脫自在，大用無方，我們自當返妄歸真。

《魔比斯》（*Morbius*）是二〇二二年丹尼爾・伊斯皮諾薩（Jorge Daniel Espinosa）執導的美國超級英雄電影，本片是漫威電影系列中新創的人物故事：魔比斯與米洛，兩人自幼患有無藥可治的罕見血液疾病，體弱無力，不良於行，壽命殆難長久，兩人同病相憐，結為至交。魔比斯後來成為名醫，在拚死一搏下於自己體內注入吸血蝙蝠的基因，不但治好痼疾，並且意外變身為具有蝙蝠特性的超能強者，但因嗜血，必須時常警醒自己，才能維持善良的人性。米洛也仿效注射蝙蝠基因，卻成為冷血殘暴的吸血魔人。於是，情同手足的兩人，展開正邪誓不兩立的對決。

原本立場一致的二人，表現為漸行漸遠的對立兩面，劇情架構彷彿佛理中「一心二門」與「五善、五毒、五蘊」的具象化演出。

一心二門與一角二飾

在影劇中，自我善惡掙扎的內心戲，或者設定善惡對反的兩個角色，都可視為「一心二門」的具象表現，尤其特別藉由外貌或境遇相似的兩人，一人向善，一人向惡，展開善惡對決，善最終戰勝惡，更是「一心二門」極度戲劇化的演出。

例如《西遊記》中〈真假美猴王〉的橋段，兩個外表相同的孫悟空，代表悟空有「真假二心」，真悟空一棒打殺假悟空之後，才真正還歸於一真心。在現代漫威系列電影中，亦有兩位綠巨人、兩位猛毒、兩位蜘蛛人的爭戰，到《魔比斯》又有兩位蝙蝠人的決鬥，可說都是「一心二門」的戲劇化演繹。

五善根與五毒心

在培養正能量上，佛教注重「信、進、念、定、慧」五種善根：信念堅固、精進不懈、正念不忘、凝定專注、智慧明了，從「五根」可以增長一切善法。佛教在轉化負能量上，則強調對治「貪、瞋、癡、慢、疑」五種惡毒的根本煩惱：貪欲、瞋怒、愚癡、傲慢、對真理的疑惑不信，「五毒」會障礙遮蔽清淨光明的心性。魔比斯與米洛的善惡衝突，正可從「五善」與「五毒」的心態進行解析。

電影的片頭，魔比斯拄著拐杖，到山洞前，割破自己的手掌，誘引出大批吸血蝙蝠飛出洞口，在場眾人驚惶逃竄，唯有魔比斯如如不動，這表現出魔比斯具有不凡的膽識。

魔比斯從小就以治療與自己同病相憐病友做為人生志向，在此「信念」下，不斷「精進」，成為優秀的醫生，並以發明人造血，救治大量病患，而獲得諾貝爾獎的殊榮，但他卻覺得人造血並不能根治自己的血液疾病，所以拒領諾貝爾獎，這也等於拒絕了巨額的財富，他只「念茲在茲」專注致力於發明血液疾病的解藥。

經歷上百次的實驗失敗，魔比斯仍不屈不撓，最後面臨自己生命瀕危之際，不得已以自己做為人體實驗的賭注，竟意外將自己變身為吸血鬼般的狀態。魔比斯發現他在「靜定」中，竟能發揮蝙蝠回聲定位的感知力量，具有洞悉遠距事物的「智慧」。同時他必須以「堅定」的意志與明辨是非善惡的「智慧」，才能維持住善良的人性，魔比斯即使犧牲自己的身命，也不願意成為吸血的惡魔。

反觀米洛，正與魔比斯形成強烈對比，米洛自小與魔比斯在醫院認識，魔比斯曾發揮機智在維生設備故障時救過米洛，因為魔比斯的優秀表現而被送去天才學校深造，米洛留在醫院，偶爾去院外卻遭遇健康學童的霸凌。米洛長大後成為億萬富翁，資助魔比斯的醫學研究，在魔比斯的自我人體實驗出問題的過程中，米洛迫不及待私自偷用配方，同樣也變身為吸血鬼，但米洛感覺擁有超能力，不再是弱者，簡直棒透了。

米洛「貪戀」財富、肉體、超能力，只要一言不合，他就「瞋恨」而獸性大發、隨意殺人，乃至殺人後手足舞蹈，又因嫉妒魔比斯，故意殺害魔比斯的女友洩恨。米洛對真理「疑惑」不信，關愛備至的養父對他苦心勸誡時，竟也慘遭殺害。米洛「愚癡」不明真理，卻自以為是，要魔比斯和他一樣擁抱真實強大的自己。他又「傲慢」無比，認為自己是少數的強者，所以即使他殺人吸血也是理所當然，世界原本就是弱肉強食的進化試煉場，就如之前他是弱者就被霸凌一般。

五蘊身心與自我轉化

佛教分析自我的存在為「色、受、想、行、識」五蘊要素：色身是物質性的存在，感受、思想、意行是心理作用，心識則是心的主體，如何從五蘊中認識自我、進而轉化負能量成為正能量？

魔比斯與米洛的「色身」原本都遭受病苦折磨，後來俱成為吸血鬼之軀，擁有超凡體能。魔比斯的「感受」朝向正能量開展，因為他擁有善良與堅強的心；米洛卻往負面發展，不斷黑化，貪戀、恐懼、憤怒、怨恨、報復、自大、傲慢、冷酷、嘲弄、變態及歇斯底里。魔比斯的「思想」明辨是非善惡，米洛卻顛倒是非黑白。魔比斯的「意行」精進堅定，關注崇高的精神層面；米洛卻頑強固執，關注物化的自我生存層次。

兩人的「心識」境界天差地別，最後魔比斯秉持捨己救人的情懷，製造出能殺死吸血鬼的毒藥，打算與米洛同歸於盡，以免他倆失控又去殺人，在經歷生死搏殺後，米洛死前終於醒悟，請求原諒，魔比斯則仍致力於尋獲控制身心與能力的方法，期望能運用超能力來貢獻社會。

以上運用了佛理之「一心二門」，解析、對應《魔比斯》「一角二飾」的架構，並在真妄二心趨向善惡的兩方面，以「信、進、念、定、慧」五善根、與「貪、瞋、癡、慢、疑」五毒心，細緻對比角色演出的正負心理狀態；最後再用「色、受、想、行、識」身心存在的五蘊元素，以看清自我存在的貪欲煩惱與無我慈悲的超越之道。其實，一心二門、五善、五毒、五蘊，不外就是眾生自心的顯現，從觀賞影劇中我們正好可以仔細對照、觀察眾生與自己的心相！

「十二因緣」中的過客

——隨遇而安的《拉辛正傳》

不知真諦名無明，所作思業愚癡果，
識起共生是名色，如是乃至眾苦聚。
了達三界依心有，十二因緣亦復然，
生死皆由心所作，心若滅者生死盡。

《華嚴經．十地品》中描述造成生死輪迴的「十二因緣」，凡夫總處於欠缺智慧的「無明」、「行」動造作之中，神「識」在「名（精神）色（物質）」裡，發展出眼、耳、鼻、舌、身、意等「六根」的認識功能，接「觸」、感「受」對象，產生貪「愛」、執「取」，而「有」因果業報，輪迴中不斷地「生」又「老死」。這十二因緣都唯心顯現，心若能不貪愛、不執取，就能超越生死輪迴，十二因緣的流轉與還滅就在一念之間。

《拉辛正傳》（*Laal Singh Chaddha*）是二〇二二年由阿德瓦・香登（**Advait Chandan**）執導的印度喜劇片，改編自一九九四年佳評如潮、賺人熱淚的美國金像獎電影《阿甘正傳》（*Forrest Gump*）。拉辛從小弱智，心地單純善良，經歷人生的酸、甜、苦、辣，拉辛該如何面對世間的複雜與苦難？

凡夫都在十二種因緣中執著打轉，拉辛也不例外，然而拉辛又彷彿是十二因緣中的過客，如同風中羽毛，隨遇而安，不太強求些什麼，只用真誠活在當下。

無明與識知

佛陀的弟子周利槃特，十分愚笨健忘，不時被人戲笑怒罵，周利槃特非常傷心，佛陀問他：「你覺得自己是傻瓜嗎？」周利槃特回答：「是吧！」佛陀說：「知道自己愚笨的人，就已經不是傻瓜了！」於是，佛陀派給周利槃特打掃道場的工作，並要他繫念「掃塵除垢」，周利槃特老老實實地依教奉行，逐漸明白佛陀原來是要他掃除心地的汙垢，於是周利槃特的心愈來愈加清淨光明，終而悟道。

拉辛生來弱智，讀書勉勉強強，更不懂人事的複雜，看似缺乏智慧光明，但卻也有其大智若愚的一面。拉辛有位好母親，對他永不放棄，告訴拉辛，他和別人是一樣的，教導拉辛做人處世的正確心態，拉辛秉性淳孝，常常記起媽媽說的話，終身奉行不渝。

名色與行動

「名（精神）、色（物質）」包含身、心兩方面的狀況。拉辛生來躬背，不良於行，雙腿裝上支架行走，常成為同學霸凌的對象。有次，拉辛被欺凌追逐，情急之下，他愈跑愈快，兩腿的支架都散落在地，然而他只一心一意地快速逃跑，結果拉辛迷上了勇往向前的奔跑快感。因為跑得快，後來拉辛被大學運動隊看上；大學畢業後他又參軍打仗，也因為跑得快，善良的拉辛在槍林彈雨中，冒著生命危險來回背負傷兵，拯救了多位同袍。

退役後，拉辛心愛之人棄他而去，拉辛不知該如何自處，突然只想奔跑，他在印度各地城鎮荒野跑了四年多，成為名人，大家問他為何一直路跑？是不是為了祈求世界和平？拉辛說：「我只是跑步。」許多人將拉辛當成先知，跟隨著跑，有天拉辛突然停止步伐，只淡淡地說：「我跑累了，想回家！」於是，就結束了這場引發社會注目的漫長路跑。

其實，天生我才必有用！拉辛的行動力超強，深具勇於實踐、不屈不撓的精神，也因如此，才能突破身心障礙與人生困境。

六根與觸受

蘇東坡詩云：「人生到處知何似，應似飛鴻踏雪泥，泥上偶然留指爪，鴻飛那復計東西。」《拉辛正傳》的片頭，羽毛隨風迴旋，輕飄至拉辛腳邊，拉辛拾起這片羽毛夾入記事本中，片尾之時羽毛又從記事本中落下，展開另一段旅程。

拉辛的思想單純，感官能力卻相當突出，擅長奔跑、當兵、裁縫等機械式的行動，這方面他是「天才」，而且拉辛能在簡單中活在當下、自得其樂，拉辛在四年路跑中，欣賞一路風光美景，雪山反射的微微光亮，海波粼粼的落日餘暉，廣闊沙漠中忘我地數著滿天星辰……。

拉辛用單純的心感受這世界，不斷經歷卻不執取，如同拉辛說：「過去的就讓它過去吧！或許這是我跑步的原因。」人生就是不停地在行旅之中，拉辛有時反省不知人生為何一直在追趕跑跳碰？人生究竟在追尋些什麼？

愛欲與取有

拉辛帶著一盒印度點心酥炸球去見心愛的女子魯帕，在火車上他有點餓了，就邊吃邊和萍水相逢的乘客聊天：「我媽媽常說，人生就像酥炸球，也許可以讓你吃飽飽，但你的心卻想要更多。」這道出了人生或許需要的不多，但想要的太多，欲望永遠不滿足。老實的拉辛只要填飽肚子就好，但他的愛人魯帕卻想要更多。

拉辛愛戀青梅竹馬的魯帕，曾再三求婚，但女孩只將拉辛當作好友。魯帕出身貧寒卑微，她朝思暮想一圓星夢，飛上枝頭變鳳凰，追求名聲、地位、財富，她結交影視大亨，卻難以得到幸福，被人糟蹋，美夢破滅後，從跳樓邊緣轉身離開浮華之地，自己堅強工作養活兒子，這小孩原來是她曾和拉辛一夜情的結晶，魯帕原本難以啟齒向拉辛告白，但因她患有疾病，恐怕無法妥善照顧兒子，於是她回到拉辛身邊，在拉辛的悉心照料下安詳離世。

人生多有「求不得苦」，但多少人「不見棺材不掉淚」，人生不能重來，沒有後悔藥，愛欲執取的苦果必得親嘗！

出生與老死

本片的劇情發展，是將拉辛的人生故事一路對比國家大事，大人物被刺殺與戰爭發生，拉辛是身在大環境中的小人物，但不論身分高低貴賤，各有自己的命運與生存之道。拉辛雖然後來發跡，功成名就，但拉辛從不改變初心，依舊純直善良，樂於幫助窮人，分享財富，從不以金錢衡量人生。

拉辛帶著兒子去上小學，回憶起從前母親攙他上學的情形，拉辛模仿母親當年說的話，激勵兒子：「你要比你竭盡所能的還要努力！」同樣的場景，人事已非，母親過世，愛人死去，兒子出生，而軍中同袍戰死、傷殘或者僥倖存活，人生終究就是如此——生、老、病、死，一代又一代！

電影的旁白反覆唱道：「人生是否已命中注定？還是掌握在自己手裡？」拉辛認為，或者兩者兼有吧！拉辛的一生，好似隨順業風飄蕩的羽毛，隨遇而安，不去強求、不太執取，拉辛具有順其自然的性情。但更難能可貴的是，拉辛在經歷世間生、老、病、死的過程之中，始終具有真誠善良、勇於付出的品格，單純耿直的拉辛，說不定哪天遇見善知識，就能如同周利槃特一樣悟道吧！

行善去惡的「四正勤」

——震災後的重建《鈴芽之旅》

我佛世尊有最勝法，謂善分別四正勤法。四正勤者，謂已作惡令斷、未作惡令止、已作善令增長、未作善令發生。

《信佛功德經》中舍利弗說，已作惡令斷、未生惡令止、已生善令增長、未生善令發生的「四正勤」屬最勝法。唯有精勤於斷惡修善，才能解脫煩惱、生死自在。

《鈴芽之旅》（すずめの戸締まり），是二〇二二年由新海誠編劇兼執

導的動畫電影。新海誠編導的《你的名字》（君の名は）、《天氣之子》（天気の子）、《鈴芽之旅》三部電影，分別以隕石、暴雨、地震的災難為題材，為新海誠的「災難三部曲」。

《鈴芽之旅》採用二〇一一年三月十一日的東日本大震災為故事時空背景，尤能震撼日本觀眾的靈魂深處，電影評價及票房都取得了亮眼的成績。

本片的諸多設定，改編自日本神話中的元素。男主角是身為「關門師」的大學生宗像草太，傳承著先祖世代以關閉地震來源的災難之門的職責，草太在關門的旅途中，遇見東日本大震災的遺孤高中少女岩戶鈴芽，兩人共同展開了心靈成長的冒險旅程。

以下從佛法的「四正勤」與「萬法唯心」，解讀影片中蘊藏的心性意涵與修行法義。

未作惡令止

日本神話中，傳說地震是由於地底下的大型「鯰魚」精怪所引動的，《鈴芽之旅》改成「蚯蚓」，而蚯蚓正是活在地下，且能鬆動土地，如果蚯蚓的體型成長有如電影中狀似河流般的碩大無比，當牠衝出地面之時，自然便會引發地震。蚯蚓沒有眼睛，引發地震的「蚓厄」可代表眾生心地深處盲目衝動所蘊積的惡業，一旦引發出來，就將形成地震災難。

神話裡鹿島神明用「要石」鎮壓住地底鯰魚的頭尾，防止地震發生。本片的要石則改編成兩隻具有神性的貓大臣，分居兩地成為石化的要石，鎮壓引發地震的蚓厄。「要石」可代表「未作惡令止」。要石即是鎮石，也代表心定專一不移。

壓制蚓厄的要石之職是由黑、白兩位貓大臣擔任，「貓」可象徵在黑暗之中的覺照力量，黑貓體型碩大而穩重，白貓嬌小且如小孩般的性情浮動。小白貓遇見善良的鈴芽之後，想當鈴芽的孩子，不願繼續做孤獨的鎮石，因而拋棄要石的職務，逃跑出來，致使地震頻發。小白貓為了尋找另一位可擔任要石的替身，就將坐在「三腳椅」上的草太禁錮入椅內，將其靈魂囚困椅中。後來草太為了壓制地震，自願成為要石；但鈴芽為了拯救草太出來，又自願成為要石，取代草太；最後，小白貓看破自心對於母子關係的渴望，自己再回去擔任要石。

成為要石，除了心的鎮定專注之外，還必須有「無我為眾」的覺悟，否則就只是石頭壓草，治標不治本。

已作惡令斷

關門師草太具有慈悲大愛，他馬不停蹄地在日本各地的「廢墟」中，尋找被「蚓厄」衝開而引發地震的災難之門，並將門關好、鎖上。

「廢墟」可表徵人心的荒廢、空虛，當鎖門之時，草太即吟誦咒文：

誠惶誠恐呼喚日不見神，先祖之產土神，領受已久之山河，誠惶誠恐，謹此奉還於爾！

「日不見」（ひみず）在日文中是一種日本鼬鼠，以蚯蚓為食，「日不見神」是新海誠自創的神名。

「日不見神」可代表心地內在滅除惡念的智慧，「關門師」則代表滅除外在的惡業。

——已作善令增長

「產土神」在日本是土地神。念誦〈關門咒〉之時，先要感受此地在成為廢墟之前的民眾生活與心情，咒文表示人領受於產土神的土地，在繁華落盡之後，成為一片無人打理的廢墟之地，有負神明，謹將土地歸還於神明，令土地神能讓土地再活化利用，藉此表達對於土地與神明的感恩與敬重。

「產土神」可表徵我們心地中本自具足的偉大心性，能夠變現萬法、滋養萬物，令萬善持續增長，土地永續利用。

未作善令發生

電影的片頭，是東日本震災海嘯之後的一片廢墟，兒時的鈴芽正徬徨無助地獨自找尋媽媽，這時穿越時空進入「常世」的高中鈴芽，安慰童年的小鈴芽：你的未來一定會陽光普照，我就是你的「明天」；並從地上撿起媽媽為小鈴芽親手製作的小椅子，交予小鈴芽。小鈴芽並不知道大姊姊的身分，在小鈴芽的日記繪本中，自從三一一大震之後，日復一日的都是塗滿黑暗，直到遇見高中鈴芽，日記才又亮麗起來。但之後，鈴芽在成長中遺忘了這段遭遇，只有偶而在夢中浮現。

鈴芽是震災遺孤，內心潛藏著渴望獲得永不失去的愛，鈴芽母親為她製作的小椅子，雖因震災缺少了一隻腳，早就不合用，但鈴芽卻仍一直將這

「三腳椅」留在身邊，「三腳椅」代表執念、依賴、不捨。後來草太變身成為這三腳椅之後，同樣成為鈴芽愛戀難捨的對象。這「三腳椅」承載了心理學上的「投射」與「空椅」的效應。

本片設定的「常世」是在災難之門的另一端，是往生者居住的世界，存在著所有的時空，這代表萬法都活在我們心裡，從未消失，所以對於過往的心結，必須予以解開療癒。高中鈴芽回到過去後，重新經歷災難的場景與心情，才知道原來兒時遇見的大姊姊就是自己，此刻長大的自己撫慰了心中時而停滯不前的小女孩，讓鈴芽打開關閉已久的心門，終於解開了被人遺棄、愛的失落、孤單無助的恐懼心結。療癒化解內心悲傷之後，再關好心門，充滿光明重新出發。

——眾善奉行之道

本片的幾位配角，可以代表「眾善奉行」：收養鈴芽、耽誤自己婚姻的環姨媽，長期付出親情，但卻愈加執著，形成彼此心理的沉重負擔，後來經過埋怨、爭吵與感性溝通之後，重歸初心的親愛；鈴芽旅程中偶遇的女孩與女老闆，還有草太的朋友，都是熱心助人、不求回報，沒有負擔的友愛。而鈴芽身邊時而出現的兩隻蝴蝶，則可代表已經逝去的父母，對鈴芽的永恆關愛與祝福。

地震的受害犧牲者，或許也還有著菩薩捨己為人的願力承擔，正如聖嚴法師在《台灣，加油》的〈他們都是菩薩〉一文中開示：

> 一些在大災難中失去了生命的人，他們都是最好的老師、最慈悲的老師、最有智慧的老師。他們忍受一切的痛楚，用他們的身體、他們的生命來做教材，讓社會大眾從中得到教訓，知道此後應該要往什麼方向思考，往什麼方向努力，或者應該要改進哪一些不好的行為或想法。

「諸惡莫作，眾善奉行，自淨其意，是諸佛教」，「四正勤」正是行善去惡的精進之道，我們凡夫的身、口、意三業經常善惡夾雜，不論對自己、對他人，都存在著自我中心的我執貪愛，唯有心存善意、慈悲喜捨，才能真正踏上心靈成長的光明坦途。

天堂只在目前

——戰亂中的希望《謝謝你，在世界的角落找到我》

心平何勞持戒，行直何用修禪！恩則孝養父母，義則上下相憐，讓則尊卑和睦，忍則眾惡無諠。若能鑽木出火，淤泥定生紅蓮。苦口的是良藥，逆耳必是忠言，改過必生智慧，護短心內非賢。日用常行饒益，成道非由施錢，菩提只向心覓，何勞向外求玄。聽說依此修行，天堂只在目前。

人生在世，如何尋求安心之道？《六祖壇經．疑問品》中，惠能大師曾針對民眾居家生活開示〈無相頌〉，倡導平常心是道，天堂就在當下的眼前。

《謝謝你，在世界的角落找到我》（この世界の片隅に），是二〇一六

年由片淵須直執導的動畫電影。本片橫掃日本各大電影獎項，榮獲日本電影金像獎最佳動畫片，以及為日本文部科學省特別選定作品。

本片描寫在二次世界大戰背景中，一位傻氣平凡的家庭主婦，在日常生活中所感受到的點滴改變，從平淡純樸的心中，控訴戰爭的愚昧與殘忍，一路跌跌撞撞地尋找安心之道。

從竹簍中來，從竹簍而去

片中男、女主角——周作與鈴，幼年時的邂逅，是在人口販子的竹簍中，小男生始終不忘小女孩，一面之緣也正是一見鍾情。鈴初滿十八歲，周作從吳市前來廣島提親，迷糊的女孩早已忘記竹簍情緣，小時候也只以為是一場「白日夢」。周作並不說破，直到片尾，兩人經歷戰爭洗禮之後，佇立於廣島大橋的中央，周作才說出初識因緣，鈴衷心告白：「謝謝你，在世界的角落找到我。」此刻，在片頭揹著竹簍的怪大叔，再一次從這座「人生之橋」經過……。

人口販子的竹簍，代表世界中危險、陰暗的角落。「謝謝你，在世界的角落找到我」，也意指周作在這不安的世道中，呵護著鈴。《華嚴經・入法界品》善財童子五十三參中，大悲觀世音菩薩的所在地，是處於補怛洛迦山的西面巖谷之中。「補怛洛伽」意為小白花樹，「西面」在此表徵肅殺之意，「巖谷」則是墜落難出之地，這場所是表徵，觀聽眾生苦難的慈悲觀音，總在眾生困厄之時，一一尋聲救苦，讓每個生命猶如一朵朵潔淨的小白花，吐蕊芬芳。

所以，周作是鈴的觀音菩薩，鈴同樣也是周作的觀音菩薩，一生一世、乃至生生世世，在這危亂的世間，彼此一直守護對方。若更從「唯心」的角度說，人與世界都是「真妄和合」，「佛性」卻一直都在，不離不棄，唯有找到「無明」中的「真實自己」，轉迷啟悟，才能走向離苦得樂的幸福之道。

面對遭受原子彈轟炸、滿目瘡夷的廣島，大橋竟不毀，在這連結兩人的橋上會心相遇，襯顯大死後而大生的心心相印相惜，如同片中戰爭時遮住的燈光，戰後終於重見天日，戶戶燃燈，光光相照。

姻緣天注定，無明大夢醒

兩小無猜的年齡，周作對鈴莫名地一見鍾情，以及「天然呆」的鈴對毫無印象之人前來提親，本可輕鬆拒絕，但竟無視自我感受，完全順從命運安排，遠嫁陌生人，看來這場婚姻是緣定三生的「姻緣天注定」，可也是一場無明大夢，彼此都不了解的結合。

人生總是以莫名的無明大夢為始，如何覺醒？周作的時髦姊姊徑子，自由選擇命運，為自我而活，好強卻處處碰壁，她曾質疑鈴「百依百順地聽從做事，我以為一定是沒意義的人生」，也常責備鈴「不中用」、「丟臉」、「太慢」、「笨蛋」、「又錯了」，甚至在空襲後，悲痛叫罵：「你幸運活下來，晴美卻死了，是你殺了晴美。」

鈴的個性順從而堅忍，迷糊而樂天，為家庭而活。無論鈴嫁與不嫁、離不離開，或鈴與青梅竹馬的水原相遇，周作始終呵護鈴。鈴與周作在日本傳統人民甘作螺絲釘的情境中，迥異於新潮的徑子，始終相當「無我相」，為「別人」或「大我」而活。

鈴懊悔於外甥女晴美的意外死亡，寧願自己能代替她；鈴離開婆家，尋找不復存在的廣島娘家；日本投降，鈴崩潰吶喊質疑：「我們的過往就這麼煙消雲散了，為國犧牲的人算什麼？」忍耐的理由飛走了，正如片中歌詞：

天空的光輝閃耀心間　今天也眺望遠方　淚滿眼
白雲流動　今天夢也理還亂　無人憐
哀思如潮　讓人怎能堅持下去
可還有人能救得了　這無窮無盡的空虛

生命脆弱易逝，家破人亡、國家投降，一切過往的生活重心土崩瓦解之時，如何安住？影片中一再表現出處於現實黑暗中的光明心態：逝者已矣，生者要笑著活下去，笑著懷念亡者；存在是某些物、某些人的片片拼湊罷了，滄海桑田的世間中，容身之處是那綿延不絕的愛；鈴在廣島廢墟中，遇見孤苦無依的小女孩，攜回吳市婆家疼愛扶養。

面對這些酸、甜、苦、辣的人生經歷，彷彿品嘗到了《金剛經》所說的「無我相（自我）、無人相（親人）、無眾生相（國族）、無壽者相（常住）」，然卻發心「普度眾生」。周作安慰鈴「過去的事，已沒有選擇的路，這些都像是醒來結束的夢」，既然如此，人生就應心無罣礙、慈悲喜捨地過日子。

此時與此刻，最好的人生

戰爭失利，物資缺乏，導致百姓生活日益艱困，日常瑣事與頻繁躲避空襲，被動地順從命運，人生的意義何在？芸芸眾生大多都是日復一日，過著重複的生活，彷彿落入「時空迴旋」中，「錯過了雲縫間的金線，也錯過了窺見枕邊人的夢，每天來往的路也錯過」，如何在枯燥重複的生活中添油加火？在重複中創造新意？

鈴從小唯一的專長是繪畫，這是她在日常生活中得以抽離現實的寄託。她總能用想像力勾勒出美好世界，即使在軍機轟炸的危險片刻，高射炮射擊飛機，炸彈在天空爆炸渲染出五顏六色，鈴當下忘卻危險，只看到美不勝收的滿天煙花；她觀想沉沒的戰艦與死去的舊愛水原，自由翱翔天際；在食物缺乏的野菜料理中，經常自得其樂；廢物利用，持續活下去，就是鈴的戰鬥。

全齣戲反覆強調平常普通的生活，活下去、退燒了、未爆炸、火滅了，能避災免禍就「太好了」，平常心是道，「雖然生活不易，但孩子們仍然是快樂的，總覺得自己能看到許多東西」、「鈴是全神貫注，就忘我的小孩」，道是自然無為，循環往復，卻又變化無窮，心有靈犀，現實就被轉化，不再只是枯燥無味的重複。

鈴是服從乖巧的傳統家庭主婦，過著平平常常恩義忍讓的生活，雖然「不是我計畫的人生，但此時此刻，是我最好的人生」，返璞歸真，融入情境，彼此一體，當下即是藝術天地，「天堂只在目前」。

一天的生死輪迴

——時空迴旋的《還有機會說再見》和《忌日快樂》

緣生幻有，生死輪迴，
若不息心，無有窮盡。

《眾許摩訶帝經》中，悉達多太子看破生死輪迴的無窮苦惱，並從「解夢」——其父淨飯王的四夢、其妃耶輸陀羅的八夢、自己的五夢，而得徹悟人生應當「志求涅槃解脫之法」。

佛教認為，凡夫因以貪、瞋、癡的心態生活，導致生生世世不斷輪迴，求出無期。唯有找到終止輪迴的關鍵，也就是打破貪愛自我、自我中心的「我執」，代之而以慈悲喜捨的心態生活，才能解脫輪迴。

以時空輪迴為題材的電影，近二十多年來大行其道，或穿梭時空、或每日重複類似的生活情境，二〇一七年接連上映的《還有機會說再見》（*Before I Fall*）與《忌日快樂》（*Happy Death Day*），都是不斷重複同一天經歷生死的過程，兩片的娛樂性和省思生活的態度，得到多數影評的讚許。且讓我們從佛法解讀片中的解脫輪迴之道。

時空迴旋與生死輪迴

《還有機會說再見》與《忌日快樂》不約而同是寓教於樂的校園電影，主角都是年輕的女學生，劇情皆是生死輪迴的縮影，主題圍繞在不斷重複同一天的生活，當一日終了，卻有人意外死亡，主角因而反思自己為何被困在時空迴旋裡？如何打破生死輪迴？嘗試在重複中創造價值，改變自我，找到並活出真實、卓越的自己。

一早醒來，又是重複的同一天。不禁令人聯想，這就好像一直在作「重複的夢」，生活中有時候確實會一再發生類似的夢境，重複的夢通常有重要訊息要傳達給人，也許是自己有嚴重心結或困境走不出來，透過夢境一再提醒自己要正視問題、解決問題。或者，我們的日常生活經常也是如此，日復一日不斷重複相似的生活情境，每天汲汲營營地努力打拚，即使功成名就，卻仍迷惘於人生的意義。《還》與《忌》兩片都反映了，時下青年及現代忙碌生活中的共同迷惘與困境。

《忌日快樂》的主角小翠酩酊大醉，醒來後正是她的生日，竟被戴著面具的人謀殺，劇情一再重複著醉與醒、生日即忌日，這也暗示著「生死學」中生死一體兩面的意義：當你學會死亡，你便懂得生活，否則只是醉生夢死地活著而已。

小翠第一次面臨死亡的場景，是在隧道中，隧道中央放置了給小翠的生日禮物——旋轉的音樂盒，隧道顯然是「瀕死經驗」中常見的景象，也象徵著生與死之間的通道，生死輪迴的旋律在此轉動上演。而劇中隧道兩端的出入口都有警示燈閃動，代表著要我們戒慎警覺生死大事——死亡不是老年人的專利，年輕人也不該輕忽生死問題。

存在主義與實存時間

存在主義（Existentialism）感於理論與生命的脫節，而以存在實感的情懷，探究許多值得注意的課題，就如：個人的存在向真實存有的開放、躍入；生命中的假相、荒謬、虛無、自由、抉擇等等。

《還有機會說再見》的女主角莎曼珊，天天都看見「善良男」房中一幅海報寫著「成為真正的自己」（Become who you are），其實這正是存在主義的名言「存在先於本質」（Existence precedes essence），揭示人的存在是能自由地創造自己，決定自己的本質，人並非被規定的存在物。

《忌日快樂》中，小翠也一再看見貼在另一位「善良男」房門上的「今天是你餘生中的第一天」，這如同我們常聽到的「將每一天都當成是人生的最後一天」，都在警醒自己過好每一天。這就是「存在主義」所謂的「實存時間」，不是計量的時間。

在《最後十四堂星期二的課》（*Tuesdays with Morrie*），接近生命終點的老教授，告訴忙碌的學生說：「我來給你看看，什麼叫時間？」老教授吸氣後，一口氣數到十二，之後說：「我上週還能數到十六，這才是真實的時間。」《深夜加油站遇見蘇格拉底》（*Peaceful Warrior*）中，老人告訴徒弟：「死亡並不可悲，可悲的是大部分人沒有認真地活過。」時間原來不是一成不變的計量，生命不在於長短，而在於活得精彩。

《忌日快樂》的小翠陷於時空的重複迴旋，善良男安慰小翠：「你有無限的生命。」但小翠經歷一連串輪迴後，更看清自己，認為自己是壞人，陷於因果輪迴是她罪有應得，小翠感到自己一天比一天虛弱，她只是機會有限的「九命怪貓」，必須趕緊掌握機會，改變自己。所謂「無限的生命」，若只是無限重複的日子，無限的生死輪迴，則沒有意義與價值。

以上幾部電影都具有實存主義與佛法的覺醒意義，強調以智導情，由內在根源處著手，在實存中解脫窒礙，通向自由；從人的現實狀態，轉化到人的真實本然的存在。

面具人與善良男

《還》與《忌》都審視時下青年的親子、師生、朋友、同學、男女的關係及問題，就如當小翠反省自己昨晚為何被殺？戴面具的凶手是誰？竟可羅列出一連串對她不滿的嫌疑犯。

《忌》的片頭畫面是一座鐘樓，時鐘正是日復一日機械式的重複旋轉，小翠每天都在鐘聲響起時醒來，開始重複的一天。這部影片，面具殺手無論處於任何誇張的情境下，都能殺死小翠，小翠的第九次死亡，是被殺手追殺，而躲入鐘樓內，小翠原可擊斃殺手，但小翠想到如此一來，時空迴旋將會停止，這樣因為救她而被凶手殺死的「善良男」將會真的死去，所以小翠為了救回善良男，自己勇敢地吊死在鐘樓上，讓時間又重回早上。這意味著我們不能用犧牲善良與愛的方式，來打破時間魔咒，獲得自己的成功；但若只是擁有善良與愛，卻仍不敵時間魔咒，還須更有智慧與善巧的相助。

這次死亡之後，小翠醒來，十分雀躍，她有自信可以解決問題，小翠甩掉鞋子出門，腳踏實地，不再冷漠、裝酷與逃避，在一切重複的情境中重新做人，微笑、誠懇、諒解與積極有為，小翠也終於漂亮地解決掉了那個無情的殺手。晚上與善良男享受生日小蛋糕後，小翠相信明早醒來，時間輪迴終將結束，嶄新的一天必將到來。

可是，小翠醒後，大失所望，今日竟又是重複的一天，小翠頓然領悟到是「小蛋糕」有毒，這是小翠室友送她的生日禮物，原來最親近的「乖乖女」室友，才是因嫉妒而殺害她的真凶，小翠打勝乖乖女後，終於解脫輪迴。

若從「解夢」的立場來說，懷有目的或者外在化的美善，雖然離人的善良本性似乎親近，卻還如「包裹糖衣的毒藥」，儘管微細令人難以察覺，仍然戕害我們的性靈，其實「戴面具」正表示出，虛偽憍誑乃至偽善，或者懷有目的之行善，才是殺死自己的真正原凶，並非他人；而「善良男」則象徵自己的潛在良知，努力喚醒自己的真實存在。

聖嚴法師開示解決困境的方法——面對它、接受它、處理它、放下它，《忌》中的生死輪迴，正源於小翠一再逃避問題，扭曲自我，當小翠突然陷入日復一日的生死輪迴，大為驚惶失措，在善良男的協助下，才逐漸能面對，進而接受這因果報應的循環模式，並在重複中積極想方設法，處理、改善困境，在放下「偽裝惡」與「偽裝善」的可笑面具之後，豁然覺醒，重新快樂出航。

穿越死後的世界

——逝者活在你我心中《可可夜總會》

是佛弟子修孝順者，應念念中常憶父母，供養乃至七世父母。年年七月十五日，常以孝順慈憶所生父母，乃至七世父母，為作盂蘭盆施佛及僧，以報父母長養、慈愛之恩。

《佛說盂蘭盆經》中，目連尊者至餓鬼道中探視亡母，佛為目連開示如何超度亡者，這是佛教每年七月十五日舉辦盂蘭盆節超度法會的緣由。「盂蘭盆」是梵文 Ullambana 的音譯，義為倒懸；或說「盆」是華語，指盛食供僧的器皿。盂蘭盆法會在於解救處於惡道如倒懸般痛苦的亡魂。盂蘭盆節在中國民間演變為中元普度法會，深具慎終追遠的孝道精神。

《可可夜總會》（*Coco*）是迪士尼與皮克斯動畫合作的3D電腦動畫電影，色彩豐富豔麗，歌舞熱情活潑，劇情新奇詭異、溫馨感人，老少咸宜，普獲各界好評，被美國評論協會評選為二〇一七年最佳動畫片。這部電影以「墨西哥亡靈節」為主題，對於死後世界充滿想像，流露出生死一體的智慧，其中的生死觀及主角小格追求夢想的熱情，與佛法也有所應和。

追求夢想，願王相隨

本片設定亡靈的存在與否，端看陽世之人是否還記得他，倘若被世人遺忘，亡靈就會從陰間憑空消失，不知去向，這稱作「終極死亡」。

小格的「曾曾爺爺」因為拋下妻女，離家追求自己的夢想——歌聲傳遍世界，導致「曾曾奶奶」生活吃緊，製鞋維生，之後綿延數代的「里韋拉」鞋匠家族，都憎恨、拒絕音樂，並將曾曾爺爺的相片撕去，自此無人祭祀，逐漸被家族淡忘。而曾曾爺爺過世後，自己也發誓不再碰觸音樂，但已於事無補，在陰間仍然沒有親人要認他，生活窮困潦倒，又面臨即將永遠消失的終極死亡，內心充滿悔恨，並欲向家人親口道出歉疚之情。

這一一透露出，生前珍惜家人、廣結善緣，以及慎終追遠的孝道，這些美德貫通陰陽，是我們立身處世的根本。

如何才堪稱為真正值得追求的夢想？《華嚴經．入不思議解脫境界普賢行願品》提揭十種美德大願，若將世間善德擴大來說，珍惜家人通於十大願的「禮敬諸佛」，歌聲遍世通於「稱讚如來」，廣結善緣符應「廣修供養」，懺悔道歉則是「懺悔業障」，慎終追遠通於「普皆迴向」。若能以願王引領生活：

> 又復是人臨命終時，最後剎那，一切諸根悉皆散壞，一切親屬悉皆捨離，一切威勢悉皆退失。……唯此願王，不相捨離，於一切時，引導其前。一剎那中，即得往生極樂世界。

臨命終時，一切生前擁有的美好事物，都將逝去；此刻唯有依靠平日的願王引導在前，有願有力，才能貫通生死幽冥，重生樂土。

反觀片中的曾曾爺爺，不能兼顧家庭與夢想，含恨而死，又放棄夢想，同時失去生命、夢想與家庭，在生死兩重世界都是個失敗者。

歌舞翩翩，伎樂供養

在充滿音樂與歌舞的墨西哥中，里韋拉鞋匠家族因為仇恨而視音樂為禁忌，但家族中的最小男孩小格深具音樂天分，暗自學習音樂歌舞，在亡靈節當天被家人發現，全家一致反對阻撓。後來小格意外得知，原來曾曾爺爺是全墨西哥崇拜的「歌神」偶像，內心受到極大鼓舞。

為了參加亡靈節的才藝大賽，小格突發奇想偷取了歌神靈堂上的吉他，卻因在亡靈節盜竊亡者之物，小格被詛咒變成「穿梭陰陽」的人，人間壽命只剩一晚。陽世及陰間的全家族，對小格關愛備至，但也極力排斥音樂，小格是否仍要堅持夢想，如歌神所說：「我一定要唱歌，音樂就是我的生命，無論他們怎麼勸我循規蹈矩，我都要順從己心，抓住面前的機會，努力實現夢想。」或是小格應該選擇顧念親情，放棄夢想？小格吶喊：「家人永遠最重要，一家人難道不該互相支持嗎？但是你們永遠不會。」最後，小格選擇堅持夢想，以及為救曾曾爺爺脫離終極死亡而拚搏，終於感動家人接納音樂，以無條件的愛支持小格，兩難情境終以皆大歡喜收場。

佛教有「不觀聽歌舞」之說，但主要是意在戒除貪戀「俗樂」，以及適當維護出家威儀。然而，清淨的佛化樂舞，不但能令眾生歡喜、感動，也是對眾生及諸佛的妙供，如普賢大願：

各於一切音聲海，普出無盡妙言辭，
盡於未來一切劫，讚佛甚深功德海。

伎樂供養本就可做為一種修行方法，《法華經》的妙音菩薩更是主修此一法門：

妙音菩薩於萬二千歲，以十萬種伎樂供養雲雷音王佛，并奉上八萬四千七寶鉢。以是因緣果報，……所經諸國，六種震動，雨寶蓮華，作百千萬億種種伎樂。

大願精進，一門深入，盡善盡美，這就是以願王引導在前，努力實現理想。歌舞與夢想，除病不除法，善於轉念便可將歌舞從世間法昇華為天樂飄飄、佛樂莊嚴，感動眾生，以歡喜心共成佛道。

——解怨釋結，超度亡靈

本片的主要人物，生前死後都被愛恨情仇支配，追求夢想而暫時拋棄妻女的曾曾爺爺，路途中被害身亡，自此失聯，妻女因愛生恨，永不諒解。在陰間，曾曾爺爺也被家族排斥，無從解釋當年之事。當曾曾爺爺被陽世女兒可可徹底遺忘之時，他在陰間也將魂飛魄散，他說：「在亡靈世界，誰都有被活人世界遺忘的時候，誰都有消失的一天。只是，當可可來陰間之時，我已消失無蹤，真希望向她道歉，告訴她爸爸非常愛她。」不論陰陽界，正如度亡聖典《佛說無常經》開示：

外事莊彩咸歸壞，內身衰變亦同然，
唯有勝法不滅亡，諸有智人應善察。
此老病死皆共嫌，形儀醜惡極可厭，
少年容貌暫時住，不久咸悉見枯羸。

繁華只是暫時，世間總是生、老、病、死，世人當追求永恆之道。

可可老邁，即將死亡，小格帶回陰間信息給曾奶奶可可，唱出可可的爸爸從前每天唱給她聽的歌曲〈請記住我〉：「雖然我要離你遠去，你住在我心底。」原本似乎失智的可可忽然迴光返照，了解爸爸的愛，化解怨恨，全家族也因此重新接納音樂。

陰間的曾曾奶奶，也終於知道丈夫是被謀害身亡，所以才會失聯，為了救回小格及丈夫的亡靈，重新高歌當年夫妻經常合唱的歌曲，並在危急時刻對凶手「假歌神」脫口說出：「你害死了我一生最愛的人。」夫妻及父女終於解開怨恨，相認黃泉，重新相愛。反觀「假歌神」，在陰陽兩界都被意外掉下的大鐘砸壓，這正是因為貪求名聞利養，謀財害命，不擇手段而敲響喪鐘。

照護臨終病人的「安寧治療」，強調在生離死別的時刻，病人及親友應做好「四道」——道謝、道歉、道愛、道別，讓生者、死者都了無遺憾。道歉應該「發露懺悔」，要將心底深處的黑暗打破，重見陽光，就必須誠懇地將內在的黑暗怨毒表白宣洩出來，這樣才能回復感恩與慈愛的心。

許多「臨終者」及「亡靈」，經歷一生的愛恨情仇，內心負載多少怨毒，這「亡靈」是否也成為了「死亡的心靈」？唯有解怨釋結，才能真正超度亡靈。正如電影片尾唱道：「我的大家庭，我的好朋友，我們相親相愛，生命不滅不盡。」經歷對無常痛苦的體驗與正思惟之後，《佛說無常經》最後道：

諸有聽徒來至此，或在地上或居空，常於人世起慈心，晝夜自身依法住。願諸世界常安隱，無邊福智益群生，所有罪業並消除，遠離眾苦歸圓寂。

放下被愛恨情仇所操控的痛苦，了知無常無我，回歸慈悲喜捨，利樂眾生，才是貫通生死的福智之道。

超越生死的慈悲

——迷霧中的人心《全面霾伏》

雖處惡世、盜賊災變、毒氣之時，雖處其中，不相塗染。其帝王、人民富有盈穀，孤獨鰥寡，衣食不充，疾病困篤，無以自濟，當給醫藥、糜粥消息，令其得愈，命不橫盡。

《佛說阿難四事經》開示，身處惡世、毒氣瀰漫、民多橫死之際，唯有具福報者不遭時局荼毒汙染，自當秉持慈悲喜捨之心，救濟貧困潦倒之人。

《全面霾伏》（*Dans la brume*）是二〇一八年丹尼爾．羅比（Daniel Roby）執導的法國電影，此片榮獲「加拿大奇幻影展」最佳影片。

空汙災難是全球目前既迫切又嚴重的環境問題，如在臺灣也熱議著「用愛發電」，還是「用肺發電」。《全面霾伏》正是以空汙為題材的電影，比起美國好萊塢大型災難片的場景，可謂小而美的製作，主場景是巴黎的街景，故事環繞在一個小家庭中。

劇情描寫不久的未來世界，空汙非常嚴重，許多新生兒患有「敗氣症」，終生只能活在具有空氣過濾系統的淨化艙中。一天巴黎發生大地震，毒霾從地底迅速竄出，公寓頂樓以下布滿毒霧，從頂樓看去，巴黎街道白霧瀰漫，彷彿仙境，如詩如畫，但其實是毒霾即將淹沒整座城市，所形成的令人發慌的致命美景。

在毒霾中，主角夫妻兩人逃到頂樓的鄰居老爺爺家避難，無奈留下患有敗氣症的女兒獨自在密閉艙中，但他們仍要冒著生命危險下樓，為女兒的密閉艙更換電池，否則若無法淨化空氣，女兒就會立刻死亡。整部電影有著法式的慢節奏和美感，沒有太過誇飾的劇情，平淡中見真淳。且讓我們從佛法解讀這迷霧中的人心。

自他相換的慈悲

本片裡，充分發揮家人、鄰居相互關照，凸顯人性善良的一面。霾害中，父親干冒生命危險出門尋找防護衣給女兒，一家三口才能逃離毒區。當夫妻要下樓前，女兒苦苦央求父母，去看望常常與她視訊的男孩，只希望心愛的人沒事才好。

前往尋找防護衣的途中，父親被爆炸衝擊而受傷，防毒面罩因此損毀，父親要母親攜帶防護衣先行返家，自己再想辦法循著街道公寓的屋頂回家。母親回到住家頂樓後，氧氣耗盡，但為了替女兒更換電池，準備憋氣下樓，此時頂樓的老爺爺表示願去換電池：「如果我回不來，損失較少。」母親衷心感謝老爺爺的勇敢，但還是決定自己回家，女兒看見母親沒戴面罩，驚慌地叫母親離開，母親臨走前，隔著淨化艙的玻璃，含淚望著女兒，和女兒手掌貼近，母親知道自己已經無法熬上樓了。

由於母親帶回的防護衣損毀，父親必須出門另覓防護衣。女兒十分內疚，認為母親因她而死，所以不希望父親去，父親卻說：「不許這麼說，媽媽會難過的。這是她的決定，不是妳的決定，她知道自己在做什麼，相信我。」尋衣途中，父親騎機車閃躲一位男孩而摔倒，男孩原來是要去告訴女孩，他們敗氣症患者反而不怕毒霾，可以在毒霾中自由呼吸，生命會自己找出路。雖然這與女兒原先夢想在藍天綠地上盡情奔跑迥異，故事的結局是換父親住淨化艙，女兒出來守護父親。

佛教修行中，有自他相換的慈悲觀，也就是將自己的快樂與他人的痛苦交換，父母對兒女或愛人之間的愛便常是如此，影片中父母對女兒，父親與母親，女兒與男孩，乃至鄰居老爺爺願意自我犧牲，到劇終女兒與父親互換，皆是如此。從至親開始練習自他相換，推廣到愛每一個人、救助一切眾生，這就是菩薩行。

十面霾伏的世界

本片對於災難、毒霾中的可怕情境，以及人性的卑劣面，也有所著墨。夫妻聽到傳來喧鬧聲，站在樓頂觀看巴黎，看見遠處烽火，原來是災難引起的暴動，先生說：「很快就會變成地獄。」他們為了找防護衣而下樓，在灰霧濛濛中，屍橫遍地，突然一條狼犬狂吠衝出，兩人慌亂逃竄，先生不幸墜入河中，不知去向，太太只能孤獨繼續往前走，忽然聽見附近有聲響，太太非常驚恐地躲藏起來，不過喜出望外，原來是先生來了。後來，先生在回家途中，為了爭奪一套防毒面具，與殺人的惡警扭打搏命。

再一次發生地震，毒霾往上升高，先生要幫助頂樓的老夫妻一起撤離公寓，但老爺爺拒絕了。老夫妻靜靜地躺在床上，回憶美好的過去，手握著手，老爺爺說：「和妳在一起，我是最幸福的人。」毒霾從窗隙漸漸湧入，白霧即將包圍住兩人，老夫老妻平靜地迎接死亡。

片中的毒霾世界，彷彿《西藏度亡經》說的，人死之後投胎之前的中陰界，一片灰濛濛，外表狀似美景之處，進去卻可能是陷阱，親友被種種恐怖景象逼迫而逃散，有緣忽又重逢，而在一切生離死別、恐怖顛倒的情境中，最要緊的是保持內心安詳，發願前往淨土，光明的善念能夠招感好境界，而黑暗的心只會招感更糟的惡道景象。

佛說毒霾的因果

佛教認為，一切災難都是眾生惡業招感，如貪欲會形成水災、瞋恨會變現大火。在佛經中，雲霧、塵霧常用來譬喻遮障和愚癡，但同時也強調霧露本身是空幻不實的，並不礙於虛空（空性）及日月（本性的智慧）的存在，我們要看透愚癡染著，找到清淨無染的智慧，自然雲消霧散。

在《佛說阿難四事經》中，對於亂世災異的因果及因應之道，有相當具體的開示：若在國家之中，多患盜賊、水火災異、變生毒氣、疾病流布，這些災異現象的背後，其實都有龍神鬼王在暗中作祟。此等鬼神惡龍，前世被世人射獵、屠殺、漁網、中毒而死，他們的魂神或墮入海中為龍，或成為有力的鬼神之類，皆知宿命，憤怒宿怨，因此造作霧露，吐惡毒氣，降下毒雨。當此之際，有人中毒死亡，某些人但得疾病，這全是由於造業所感。倘若前世親自殺生，中毒即死；或在旁歡喜協助，則遭困病；只分享肉食，也會遭到傳染。大眾應當警惕這些苦難都是過去行惡所致，罪業福業分明不爽。但我們更應慈悲喜捨地對待受苦者，依佛法的教導行善，如若能夠救治一人，並讓他持守五戒，終身奉法，這與奉事佛陀的功德完全等同。

經中揭示出亂世災異的因果，以及茹素的重要，慈心茹素與當今「素食救地球」的環保理念正相呼應。我們除了要能洞察善惡因果，也要視眾生如佛，誠如聖嚴法師在《台灣，加油》的〈他們都是菩薩〉一文中說：

受苦受難的都是菩薩的化身，他們用自己寶貴的生命當作教材，向人們示現這世界由於人心的貪婪、無知，卻帶給人類無窮無盡的災難。

總之，隨手隨處修福修慧，踐行慈悲喜捨，服務眾生就是奉事佛陀，正是佛陀教導大眾的立身處世之道。

貳

般若妙慧

金剛般若的無住生心

——通過愛的試煉到彼岸的《西遊記・女兒國》

善男子、善女人，發阿耨多羅三藐三菩提心，
應云何住？云何降伏其心？

《金剛般若波羅蜜經》開場時須菩提問：「發無上菩提心之後，應如何持續安住於真心上，同時如何降伏妄心？」這也是《金剛經》全經的主旨與問題意識，《金剛經》要我們以「金剛」般的透明堅利智慧，通過心的試煉，超越生死大海而「到彼岸」（波羅蜜），圓滿菩提。

近年來，有關《西遊記》的影視作品不勝枚舉，其中鄭保瑞導演的《西遊記》系列電影——二〇一四年《大鬧天宮》、二〇一六年《三打白骨精》與二〇一八年《女兒國》，是其中的佳作，第二、三部對於唐僧的性格描寫，著重於追求佛道之人，在面對境界時，應如何調整自心，劇中演繹唐僧從人性昇華到佛性之間的疑惑與突破，大有可取之處。

唐僧師徒一行取經，經歷各種妖魔鬼怪與人性的考驗，修行必然會遭遇到軟硬兩極的試煉，唐僧遇見白骨精是「硬考」，在女兒國則是「軟考」；硬考的逼迫有助於驚覺與勇猛精進，而情關的軟考則牽扯難斷，愛情始終是文藝的永恆題材，且看唐僧應對兒女情長時，「云何降伏其心」？

唐僧的「紅鸞心動」

諸菩薩摩訶薩應如是生清淨心，不應住色生心，不應住聲、香、味、觸、法生心，應無所住而生其心。

《金剛經》開示我們用心的方法是「應無所住而生其心」，心不要住著、陷溺於某一對象中。

在《西遊記》原作中，唐僧一行來到沒有異性的女兒國，女王要求與唐僧結為連理，而令孫悟空等弟子們離境西行求法。面對此一難題，唐僧採納了悟空的主意——假結婚、真走人，心中始終堅如磐石。

不過，在電影《女兒國》一開場，唐僧師徒在河上行船，唐僧把玩著一塊豔紅石頭，就已隱含了唐僧「住色生心」而有紅鸞「心」動的徵兆，此時沙僧看見飛鳥雙雙對對，便問師父：「這凡間怎麼都是成雙成對的？」唐僧說：「萬法緣生，皆係緣分，一切隨緣。」沙僧又問：「萬一有一天隨緣隨到師父頭上，又怎麼辦呢？」唐僧猶豫地回答：「這個問題，讓為師——翻翻經書。」

片中唐僧表現出「書呆子」缺乏磨鍊的趣味形象，暗示了發心求道之人必須通過解行相應的考驗，這也正如《楞嚴經》、《摩登伽經》中「多聞第一」的阿難尊者，必須通過摩登伽女的情愛試煉。摩登伽女與阿難的初遇是在河邊，「河水」可象徵綿綿情意，摩登伽女對阿難的翩翩風采一見鍾情，墜入愛河；《女兒國》也以「忘川」、「苦海」之景為寓，此外女兒國主與唐僧的初見，是兩人同時墜落懸崖，後來女王又再度墜入苦海裡的唐僧小舟之中，反覆象徵著兩人墜墮愛河的意象。

不負如來不負卿

知我說法，如筏喻者，法尚應捨，何況非法！

《金剛經》開示，佛說的法，如渡河的船筏，過河之後尚應放捨，何況不如法的事情呢？

電影的主題曲表達了唐僧對女王的曖昧情愫：

世上安得兩全法，不負如來不負卿，

反省凡心損梵行，從來如此莫聰明。
既生苦難我西行，何生紅顏你傾城，
如何抹去你身影，如同忘卻我姓名。

顯然，此主題曲改自第六世達賴喇嘛倉央嘉措的著名情詩：

曾慮多情損梵行，入山又恐別傾城。
世間安得兩全法，不負如來不負卿。

倉央嘉措早年就有心愛的佳人，成為達賴喇嘛之後，不顧忌諱，創作浪漫情歌。

在《女兒國》中，唐僧對女王的愛意，類同倉央嘉措為愛煎熬掙扎的心境。在這求道心志的猶豫不決中，此時觀世音菩薩從水潭中出現，開示唐僧：「這世間，但凡能放下的，都是你未曾拾起的。你是選擇愛一個人，還是愛眾生呢？切記！重披袈裟之日，才是你啟程西行之時。」此後唐僧無論如何都無法繫上袈裟的扣環，唐僧必須歷事鍊心，提得起、放得下，方能繼續西行。

反觀女王願為真愛拋棄一切：

說什麼王權富貴，怕什麼戒律清規，
心戀我百轉千回，快帶我遠走高飛。
念什麼善惡慈悲，等什麼望穿秋水，
任來世枯朽成灰，換今生與你相隨。

後來，女王與唐僧漂流在「苦海」之中，這片大海回頭無岸，唯有領悟「情為何物」才能脫離苦海。兩人苦海行舟多日，瀕臨命危，唐僧伸出手來，要女王咬下一口唐僧肉，即可長生不老，但女王只咬出齒痕，彼此相約來生，這時苦海之門忽然打開，兩人登岸，準備離開女兒國，結伴西行取經。原來，「問世間情為何物，直教人生死相許」，正是通關心鑰。唐僧欲帶上女王西行，是如法、非法？

愛上一條河

一切有為法，如夢幻泡影，如露亦如電，應作如是觀。

《金剛經》開示，因緣造作的有為事物，緣生緣滅，短暫無常，不實如幻。

片中的女兒國先祖，由於遇到負心漢，這才建立只有女人的國度，並以法術結界，無法自由出入。女兒國的國師年輕時曾在水塘邊，招感到國界外的忘川河神，雖然無法和他實際相處，但兩者朝朝暮暮愛戀相思。後來女孩接任國師，下定決心扮演好國師之職，守護年幼的女王，不再和河神接觸，「愛上一條河，卻要守護一個人。當我們還在等待愛情開始的時候，原來已經走到了盡頭。」只因先祖典籍記載：「男人乃萬毒之首，情愛之毒，無藥可解。」

國師嚴守清規，毅然斷絕男女情愛，並要殺害闖入女兒國的男人，以絕後患。反觀女王，決心追隨唐僧離開女兒國，但在先祖的詛咒之下，於國境邊緣昏厥不醒，唐僧護送女王回宮，女王昏迷多日後醒來，明白唐僧不捨拋棄自己遠行，但女王告訴唐僧：「我做了一個夢，你蓄起了長髮，我們一起慢慢變老，但是，你不快樂。」

此時，由於女王與唐僧的真愛，破壞了先祖的結界，忘川河神得以進入女兒國，尋找等待了二十年的愛人，當河神與國師相遇，國師雖然不忘舊情，但斬斷情絲的決心早定，對河神決絕地說：「你去找大海。」（暗喻大海才是河的歸宿）河神在盛怒之下，漫起洪濤巨浪，瞬間將女兒國人民打沒水中。

唐僧在水中看見屍體漂浮四周，十分震驚與不忍，當下領悟到了人世悲苦無常，兒女情長並非真實的出路，西行取經方是光明大道，因此祈請如來，感召如來出手，及時救回眾人性命。此刻女王游到唐僧身旁，在水中將唐僧的袈裟扣好，四目相對，一切盡在不言中。在生命無常的現實之下，唐僧與女王都深刻體會到了兒女情長只如夢幻泡影。

門一直在那裡

若菩薩心不住法而行布施，如人有目，日光明照，見種種色。

《金剛經》開示，若菩薩能做到不執著對象而實踐平等布施，這樣才能有智慧看清一切，就如同日光明照。

國師泯滅感情的決絕、河神毀天滅地的愛恨、女王始終付出的真愛，以及唐僧的兩全掙扎，若從人性來看女兒國的男女之愛，從愛恨情仇的極端對立，到付出真愛不悔，終至領悟愛的真諦；從小愛到大愛，從愛個人到愛眾生。不過，這些或許都仍不離《金剛經》在在指出的「我、人、眾生、壽者

（永恆）」的四相執著之中。

如何離四相？影片中，「觀世音菩薩」的角色代表慈悲觀照形形色色的眾生音聲，更提醒眾生要照顧好自己的心聲。「如來佛」代表無明夢醒，雨過天青，正如《金剛經》云：「凡所有相，皆是虛妄，若見諸相非相，即見如來。」唯有領悟無執的空慧，才能如觀音菩薩慈悲喜捨、隨緣示現。

「忘川」在民間的傳說中，要過忘川就要喝孟婆湯，忘卻記憶，劇中忘川河神與國師代表壓抑記憶的角色，但縱使想忘卻忘不了，記憶總在某處生起，乃至引發濤天巨浪。忘情不是硬生生地忘卻彼此，而是從愛欲中幡然醒悟愛的真諦，懷著喜悅重新出發。片尾唐僧清亮地叫聲「出發」，師徒一夥又朝西行，振奮人心的悠揚音樂俱時響起。

《楞嚴經》云：「汝愛我心，我憐汝色，以是因緣，經百千劫，常在纏縛。」天長地久你我相思，愛恨綿綿無絕期；倘能頓悟真情，剎那即永恆，長情大愛是不必彼此繫縛的慈悲喜捨。正如唐僧最後對忘川河神說：「其實，門一直在那裡，走不出去的始終是我們自己。」

大破大立的勇氣

——當《雷神索爾》遇見孫悟空

欲求最勝道，不惜其軀命，棄身如糞土，解了無吾我。
雖用財寶施，此事不為難，勇猛如是者，精進得佛疾。

《菩薩本行經》指出不惜軀命的勇猛精進才能成就最勝佛道。
「雷神索爾」（Thor）源自北歐神話，是美國漫威電影中，唯一擁有四部專屬電影的主角人物：二〇一一年《雷神索爾》（以下簡稱《雷神1》）、二〇一三年《雷神索爾2：黑暗世界》（*Thor: The Dark World*，以下簡稱《雷神2》）、二〇一七年《雷神索爾3：諸神黃昏》（*Thor: Ragnarok*，以下簡稱《雷神3》）、二〇二二年《雷神索爾：愛與雷霆》（*Thor: Love and Thunder*，以下簡稱《雷神4》），可見「雷神索爾」人物塑造的成功與大受歡迎的程度。

索爾的個性具有高度的赤子之心與叛逆精神，類似我國明代神魔小說《西遊記》中的孫悟空。在明代「雷公臉」的形像也正似猴臉，悟空在《西遊記》中也常被喚作「毛臉雷公嘴」，美猴王孫悟空的角色設定與表現，備受古今讀者喜愛，當代有關悟空的影視亦多難勝數。雷神索爾與猴神悟空兩位蓋世勇者，若能相遇，想來必是相視莫逆、惺惺相惜吧！

佛經中亦以「勇士」形容勇猛精進的菩薩，《西遊記》中悟空最後成為「鬪戰勝佛」，悟空與索爾俱有大破大立的膽識，下文將兩位勇者進行有趣的對比，並解讀其中蘊含的佛法意涵。

現代科幻與傳統神話

當代科幻片中，常將科幻與神話融為一爐：人類拜科技發達之賜，得與神靈世界接觸，神通只是另一種高級智慧或黑科技的展現，人類與神靈可以如同夥伴相處，乃至一爭長短。

漫威影業是當代科幻電影執牛耳者，漫威宇宙中有北歐神話的雷神索爾、希臘神話的宙斯諸神，還有更高級的永恆之神。中國大陸於二〇一七年開播的《雄兵連》科幻動漫中，孫悟空也與現代人類一同參與對外星文明的戰鬥。神話人物索爾與悟空，同樣在科幻片裡的現代宇宙大戰中，扮演維護正義、守衛地球的超級英雄。

神洲石猴與神國王子

悟空是東勝神洲傲來國花果山中，一顆吸收天地日月精華的仙石孕育迸出的石猴，當小石猴睜眼外望時，眼睛竟射出金光，震動天庭，但玉皇大帝卻道：「下方之物，乃天地精華所生，不足為異。」可是，出身低微的石猴後來卻搖身一變成為「齊天大聖」，高言「皇帝輪流做，明年到我家」，要與天帝一爭平等，不怕出身低，只怕沒本事，難行而能行。

索爾是阿斯嘉神國諸神之父奧丁之子，索爾通過父王的重重試煉，成為儲君，卻放棄王位，難捨而能捨。

低賤者能晉陞上座，而王者能棄高位，悟空與索爾出身截然不同，但勇猛無畏的精神同樣激勵人心，因為身分高低只屬外在，無住生心、心無罣礙、自由自在，才是硬核（hardcore）。猶如菩薩布施，能捨國主之位，也能示現身居王位統理大眾，提起與放下，一切無礙。

逆天改命與大鬧天宮

現代青年的叛逆精神特別高昂，悟空與索爾亦正如此。悟空不服「有生必有死」的天道鐵律，遠走他方，尋求明師，在佛教菩提老祖下修得不死之身，之後不畏強權，大鬧龍宮、地府與天宮，後來追隨唐僧西行取經，一路降妖伏魔，最後降伏心魔被授記為「鬪戰勝佛」，展現「我命由我不由天」的拚搏精神。二〇一八年中國動漫《西行記》更描寫天庭腐化墮落，悟空逆天，維護正道。

索爾是阿斯嘉神國的王儲，但他卻一再違背父王的命令，堅持做自己認為正確之事，因此在《雷神1》中被父王剝奪神力，打入凡間，但也因而找到自己內在的神性，不再只是依仗外在的法器與力量，因此才能真正成為「雷神鎚」的主人。《雷神2》索爾再度抗命，孤注一擲、智勇雙全地從黑暗魔王的手中拯救宇宙，終於獲得父王的完全肯定，再度要他繼承大位，但索爾卻拒絕王位，要過自己喜歡的生活。《雷神4》索爾為了對抗弒神者格爾，拯救眾神，前去諸神大會尋求協助，但同樣身為雷神的宙斯神王，不但不幫忙，反倒當眾扒光索爾衣服，戲謔嘲弄，索爾猛然發現宙斯諸神已然腐化墮落，於是展開反擊，搶走了宙斯的「雷霆劍」，以便對付足以弒神的

「死靈劍」。

索爾與悟空同樣，永不向命運低頭，遇到再大困難，也唯有迎頭向上，大破大立。

真假悟空與索爾兄弟

《西遊記》之「真假美猴王」的故事裡，因為悟空在西行途中對修習佛法懷有「二心」，不時想回花果山做山大王，所以招感出一個「假悟空」，占據花果山扮演美猴王的角色，真假悟空的行為舉止一模一樣，難以辨認孰真孰假，真悟空一棒打殺假悟空之後，才「一心」向佛。真假悟空代表眾生常有真妄二心，唯有破妄才能顯真。

《雷神3》中，索爾的養弟洛基，是謊言與惡作劇的邪神，假扮父王奧丁的形像，篡奪阿斯嘉神國的王位。奧丁死後，神國又被索爾的姊姊海拉強行占領，暴虐統治，索爾無奈之下，放出大魔神蘇爾特爾來摧毀神國，以趁機救出民眾，而妄想成為神國之王的洛基，在撤離途中被超級大反派滅霸薩諾斯殺死。神國毀滅，索爾帶領民眾移民地球的挪威海岸，重建新的阿斯嘉國度，王位交由女戰神，自己則雲遊宇宙，隨處救苦救難。索爾與洛基，正是真心與妄心的寫照。

活出真實的自己，用真心生活，就是悟空與索爾代表的心性意義——本來面目。

殺戮戰場與無盡救贖

悟空大鬧天宮，被如來神掌降伏，壓制在五行山下五百年後，跟隨唐僧西行取經，一路斬妖伏魔，大殺四方，直到一棒打殺假悟空之後，方才一心歸順佛法。其實，斬妖伏魔更是指息滅貪、瞋、癡，最後殺死如同自己的假悟空，則是指破除妄心，悟空從殺戮中得到救贖，這也正是文殊菩薩手持金剛寶劍的真義所在。

《雷神1》在索爾成為王儲的加冕儀式中，阿斯嘉神國竟遭到寒冰巨人的入侵，索爾氣憤難耐，私自率領親信前往寒冰巨人的領土大開殺戒，因而被父王奧丁剝奪神力，下放地球。之後奧丁竟因身體不適而陷入昏迷，洛基趁機奪取王位，並派毀滅者到地球擊殺索爾，毀滅者任意破壞小鎮，索爾為了拯救眾人，被打到重傷昏死，但索爾卻因捨己救人的心量而重獲神力，大死大生。洛基為了證明自己具有領導神國的實力，決定派兵攻打寒冰國度，在大戰一觸即發之際，索爾用雷神鎚砸毀神國對外的唯一通道彩虹橋，避免了戰爭的爆發。索爾學會了以正義捍衛和平，而非以神力大殺四方。《雷神4》在大反派弒神者格爾死後，索爾收養了格爾的女兒，兩人結伴同行，在宇宙間繼續展開聞聲救苦之旅。

《大乘起信論》說眾生的心是「真妄和合」，這正如礦石中蘊含美玉，我們必須承受打錘磨鍊，動心忍性，去除雜質，才能開顯內在珍貴的金玉寶藏，並善用珍寶，救濟眾生。

從對立到不二法門

——正邪大戰的《復仇者聯盟》

正道、邪道為二。住正道者，則不分別是邪是正，離此二者，是為入不二法門。

《維摩詰經．不二法門品》中珠頂王菩薩說，真正的住於正道是要離開正邪對立的心態，了悟不二的智慧。我們將從佛法不二法門的立場反思正邪大戰的《復仇者聯盟》與何謂正義、英雄的意義。

漫畫改編的《復仇者聯盟》（*The Avengers*，以下簡稱《復1》）從二〇一二年上映，於二〇一五年推出續集《復仇者聯盟2：奧創紀元》（*Avengers: Age of Ultron*，以下簡稱《復2》），二〇一八年接續上映第三集《復仇者聯盟3：無限之戰》（*Avengers: Infinity War*，以下簡稱《復3》），三部美國超級英雄電影，票房吸金。

復仇者聯盟中的成員如雷神、星爵、鋼鐵人、美國隊長、綠巨人、奇異博士、蜘蛛人、黑豹等等，都是個別電影中的主角，漫威電影十年磨劍，從拍攝不同角色的英雄人物，到結集史上最強英雄陣容對抗邪惡勢力，不啻古希臘神話、現代科幻、電玩世界的合體，展現各路英雄匯集超能力與現代科幻片的大成，天神、半神、外星人、超能力者、魔法師、生化人、機器人、仿動物人、變體人，林林總總，令人眼花撩亂，形塑出浩大壯闊的史詩級英雄電影系列。

復仇的正邪大戰

Avenger 中譯為「復仇者」，不過英文有伸張正義而做出反擊的意思。「復仇者聯盟」是因為外星邪惡勢力侵略地球，眾英雄結集對抗而名之；這與另一部電影《正義聯盟》（*Justice League*）類似，片名都反映出西方文化中，高度歌頌正義之戰的思維型態。但是，何謂正義，憑誰來定？

《復1》中，美國神盾局運用「宇宙魔方」製造高端武器，鋼鐵人對此大表不滿，美國安理會下達投擲核彈到紐約的命令，轟炸外星入侵者，但神盾局長拒絕陪葬平民。《復2》中，鋼鐵人再度製造超級人工智慧人，引發英雄聯盟成員反對，在一陣打鬥衝突中，超級人工智慧人「幻視」誕生。另外，相關的英雄系列電影《美國隊長3：英雄內戰》（*Captain America: Civil War*）中，更清楚表達眾英雄因理念不同而分裂為兩邊，引發英雄內戰。

更甚者，因為極端對立性的二分思維，《復2》中的人工智慧人「奧創」，通過網路擷取大量資訊分析，認定人類才是危害世界的罪魁禍首，因此要消滅人類，或將人類改造進化為生化機械人，奧創認為這才是慈悲與理想世界的實現。

《復3》的宇宙恐怖分子滅霸「薩諾斯」（Thanos），其名字源自於希臘死神塔納托斯（Thanatos）的變體。滅霸認為，宇宙中智慧生命的數量太多，導致資源分配困難，造成種種不幸，因此立誓要不分身分，隨機滅除半數人口；奧創與滅霸都是理性二分思維下的極端偏執狂。

西方哲學充斥理性概念的二分問題，如上帝與萬物的天淵之別、精神與物質的異質存在、主體與客體的能所分裂……，形成種種概念的對立，導致較易於產生極端理念的偏執狂。於是，是非、善惡、正邪的對抗不斷上演，生靈塗炭，永無寧日。

東方的佛教則深觀「緣起性空」，強調抽象的「概念」只是「假名」，並非實際存在。唯有勘破自私貪愛的「我執」與是非對立的「法執」，淨化心靈才能擁有真正的智慧慈悲與超能神通。以佛法化世，永無止盡的冤冤相報、正邪大戰，方有化干戈為玉帛之期；佛教是慈悲喜捨的宗教，同時也是維繫世界和平的堅實力量。

唯物論色彩抬頭

華人的武俠小說中，武林高手每每想要成為武林盟主或天下第一，於是紛紛爭奪絕世武功祕笈，但修練上乘武學不可力取，實有待慧根領悟。

反觀在《復仇者聯盟》系列電影中，《復1》爭奪宇宙魔方，《復2》爭搶權杖寶石，《復3》搶奪六顆能量寶石。這六顆無限寶石：空間寶石、時間寶石、現實寶石、力量寶石、心靈寶石、靈魂寶石，是在宇宙起源的大爆炸中爆發出來的。擁有六顆無限寶石，將可對時空本身及其中的物質與精神，具有自在轉化的能力，幾乎成了全知全能的新上帝。

《正義聯盟》裡，同樣也是爭奪三個能量母盒，近代西方思維中，伴隨科技發達，唯物論色彩抬頭，掌握物質力量便能操控世界。

《聖經》有個故事，上帝為了考驗亞伯拉罕是否確實服膺上帝的旨意，要他殺子祭神，正將殺子之時，天使出面阻止，亞伯拉罕順利通過考驗。在《復3》中，寶石引路人告訴滅霸，要得到「靈魂寶石」就必須獻出最愛者的性命充當祭品，以靈魂交換靈魂。滅霸為求成為新上帝，只好含淚將愛女扔下懸崖摔死，因此得到靈魂寶石。追隨上帝或想獲得物質的神力而殺兒棄愛，究竟是精神的堅貞試煉？還是出賣靈魂呢？

東西英雄的悲歌

《水滸傳》裡，各路英雄好漢齊聚梁山，在團體戰中，個人的英雄主義褪色，一百零八條好漢在戰爭殺戮與奸臣迫害中紛紛折損，所剩無幾，展現人間世道敗壞中的英雄末路。

《聖經》中，上帝主宰人類的命運，對埃及降下十大災害，包括所有埃及家庭的長子死亡；降下硫磺與火，瞬間毀滅罪惡之城；降下末世災難，審判惡人永墮地獄。這種上帝萬能、操控一切的思維模式，在近代西方有人高喊「上帝已死」、「科技萬能」，企圖以物質科技取代萬能的上帝。

在《復3》中，滅霸取得寶石力量之後，成為新上帝，任意操控人類生死。滅霸為了聚集六塊寶石，不斷殘酷殺戮擁有寶石的各路英雄，而群英全力以赴，也不敵邪惡勢力。滅霸合六寶石之力，彈指之間消滅全宇宙一半的智慧生命，半數蓋世英雄也在轉瞬之間灰飛煙滅，化做塵埃。

以物質來說，人類軀體是脆弱的，英雄片中在正義理念下，不斷強化人體的特異功能，以扮演好世界警察的角色。但人體在宇宙物質力量之前的渺小性，仍然微不足道，這是人類軀體或戰鬥英雄在面對「拜物新上帝」時的窮途末路。

真正的英雄氣魄

寂除一切處，說法無境界，英雄超諸受，稽首上能仁。

英雄度脫，無數億人，隨時示現，於斯佛道。

《佛說阿惟越致遮經．開化品》蓮華首藏菩薩讚佛能達致寂滅紛擾的空無境界，超越好惡，是為「英雄」。《正法華經．藥草品》以「英雄」讚美度化眾生成就佛道的菩薩。

何謂英雄？「英雄」大約是指符合大眾心理的需求，而受到大眾仰望的傑出人物。金庸小說《大漠英雄傳》中點出了兩種英雄形象：郭靖對成吉思汗說：「自來英雄而為當世欽仰、後人追慕，必是為民造福、愛護百姓之人。以我之見，殺得人多卻未必算是英雄。」成吉思汗臨死之際，口裡喃喃念著：「英雄，英雄……」想是心中一直琢磨著郭靖的那番言語。若以東西文明來說，西方文化的對立性與衝突性強烈，在其文化氛圍中高度突出戰爭英雄與悲劇英雄，但在中國則更重視「聖哲」，明儒王陽明說：「破山中賊易，破心中賊難。」聖哲追求精神境界，天人合德，教化群倫，更是英雄中的英雄。

面對浩瀚宇宙，唯有精神境界才能豁顯人之為人的尊貴。學佛不只是要人進化成世間的英雄聖賢、天神護法，更要眾生學習無我利他，當慈悲喜捨的菩薩，未來各各成佛，消解悲劇英雄的窮途末路，而能「皆大歡喜」。

正如《西遊記》裡，從石頭中蹦出的頑猴，起先大鬧天宮，繼之保護唐僧西行，一路恣意斬妖除魔，然在唐僧的循循善誘下，轉換心性，降伏自己的心魔，最終成為名副其實的「鬪戰勝佛」。

一切眾生都擁有寶貴的生命，皆可成為英雄聖哲，能令眾生脫離苦海、悉成佛道，這才真正圓滿彰顯如《楞嚴經》中阿難讚佛「大雄大力大慈悲」的英雄氣魄。

殺活自在的慧劍

——追尋劍道奧義的《神劍闖江湖》

文殊師利，成不退轉，手執利劍馳走向佛，欲得開化不達菩薩。因是之故，時佛大聖，手執慧刀，斷生死原，如應說法。

《如幻三昧經》中，文殊菩薩手執利劍向佛，佛則手執慧刀，彷彿兩大武林高手對峙，刀光劍影一觸即發，其實這是藉由刀劍說法，斬斷眾生的生死煩惱根源。

《神劍闖江湖》（亦名《浪客劍心》，日文《るろうに剣心》）的系列

電影，是從動漫改為真人版上映：二〇一二年《神劍闖江湖》，二〇一四年《神劍闖江湖：京都大火篇》、《神劍闖江湖：傳說的最終篇》，二〇二一年《神劍闖江湖：The Final》、《神劍闖江湖：The Beginning》，部部精彩，好評連連。影片以日本幕府末年亂世，維新志士開創新時代為背景，主角劍心是維新派的第一殺手，他的殺人劍後來成為活人劍，全片貫穿濃烈的武士道精神。

劍，在佛教中亦可是墮魔、或者成佛的雙面刃，《央掘魔羅經》中提及「執劍大方廣經」與殺人魔央掘魔羅（指鬘）執劍殺佛的故事；另《如幻三昧經》中的「執劍經」，講述大智文殊菩薩執劍向佛之事。且讓我們從佛經開示來看《神劍闖江湖》的劍道奧義。

放下屠刀，立地成佛

久失寶藏今還得，塵穢壞眼今明淨，

哀哉我子心迷亂，常以人血自塗身。
極利刀劍恆在手，多殺人眾成屍聚，
當令此子隨順我，今敬稽首等正覺。

《央掘魔羅經》的主角指鬘是位文武全才、稟性篤實的少年，卻因師母向他求歡不成，憤而欺騙老師說遭到指鬘強暴，老師懼怕少年武術了得，於是告訴指鬘若殺千人，這千人都可生天，而他也可因此成道。指鬘信以為真，成為恐怖異常、以血塗身、配戴人指做為髮鬘的殺人魔。

指鬘殺了九百九十九人之後，準備弒母，好讓母親生天，此刻佛陀來到指鬘之前，指鬘執刀欲殺佛，豈料竟追不上徐步安詳的佛陀，嚷著要佛停住，佛說我早就停住了：「我諸根寂定，而得自在；汝從惡師，稟受邪倒，變易汝心，不得定住，晝夜殺害，造無邊罪。」佛心寂止，汝心不安。在佛陀直指人心與指鬘之母的勸慰下，指鬘嚎啕大哭、發露懺悔，隨順母親的殷切盼望，皈依無上正覺的佛陀，當生成就了超越生死之道。

《神劍闖江湖》中，劍心是位劍術高強、人品不俗的少年，卻因信受維新志士的理想，執行暗殺幕府要員的任務，期望開創一個人人安居樂業的新時代，劍心成為令人聞風喪膽的刺客與武士——千人斬劊子手「拔刀齋」。劍心仗義揮劍，殺人無數，愈發良心難安。新政府勝利之時，劍心不再殺人，消失無蹤，成為流浪劍客，之後他使用不能殺人的「逆刃刀」，只在不得已為了救人之時，才會出手傷人，及時阻止了許多無情殺戮，救人無數。

指鬘與劍心都是具有理想抱負的青年才俊卻走錯路，俱成為千人斬，然因本性正直善良，浪子回頭金不換，終能放下屠刀立地成佛。

劍能殺人，亦能活人

若劍擊頭，害殺斯人，乃修梵行。

如來至真，亦如利劍。

《如幻三昧經》中，文殊菩薩以殺活自在的「利劍」形容清淨的梵行與如來的至真之道。文殊解釋以智慧的利劍殺人，乃是將人的貪、瞋、癡斬殺：「貪見吾我想、人、壽命，因有假號而演名字，吾當以利智慧劍而危害之，常以此義將養護之。」殺人的同時即是活人，衝鋒陷陣、殺人如麻是以智慧利劍勇猛打殺眾生的八萬四千煩惱。

「神谷活心流」道場懸掛「活心真如」的匾額，小薰說活心流的理念是不殺的「活人劍」。劍心說：「劍是凶器，劍術是殺人術，什麼冠冕堂皇的論調飾辭都無法改變這個事實；但是比起這個事實，在下更喜歡小薰小姐天真可笑的發言。」殊不知，後來劍心的逆刃刀，就是活人劍，正如日後劍心說：「殺人只會孕生仇恨，仇恨又會引發殺機，斷絕這種連鎖反應，就是這把殺不了人的刀的職責。」

劍心以逆刃刀戰勝眾多高手，同時也感化左之助、蒼紫、宗次郎、雪代緣等敵手，成為志同道合的朋友，關鍵時刻共同戰勝惡勢力。逆刃刀，其實正是一把可殺人（誅心）、可活人的利刃。

劍心臉上無法治癒的十字傷疤，豎痕是被明良死不甘心的怨念所傷，橫紋則是愛妻雪代巴垂死時所輕劃，表示願意以此原諒、了結劍心殺害她原未婚夫明良的殺夫之恨。

如同劍心童年時為死去的善人、惡人都平等埋葬，且以十字架做為墓碑。「十字」實可象徵劍心為亂世背負十字架，十字傷疤反映出新舊時代的衝突或愛恨交加。劍心負有承擔新局與救贖亂世的使命，如何從新舊時代的愛恨交織中解脫出來正是劍心的功課。他以慧劍斬斷——鴉片商武田的貪心惡劣、叛亂首領志志雄的瞋心怒火、軍火商雪代緣對姊姊之死的癡心狂亂，唯有戰勝貪、瞋、癡，自己才能從地獄中被救贖出來，繼續守護所愛之人與世界。

圜悟禪師說：「靈鋒寶劍，常露現前，亦能殺人，亦能活人。」生殺之道，端看如何用心。

慧劍斬空，無劍無人

文殊大智慧，諸法度無極，手自執利劍，馳走向如來。佛亦如利劍，二事同一相，無生無所有，亦無有害者。兩足尊見之，眾生所作罪，令知殃福業，亦悉是空耳。

《執劍經》中，文殊執劍向佛，狀似大不敬，但此戲劇性的演出正在挑弄人心，要令大眾領悟：劍是空、人是空、罪福都是空，不著一相，才能清心自在。

劍心殺人如麻，愛妻亦意外死於自己劍下，他背負沉重殺孽，以逆刃刀救人贖罪，卻劍術退步，無法發揮「飛天御劍流」的極致。劍心師父比古清十郎說：劍心缺乏一樣東西，要他自己找出來。劍心遍尋不著，師父說：與其讓劍心一生背負沉重罪業，終身愧疚痛苦，不如現在殺了劍心，讓他得以解脫桎梏煎熬，於是劍劍直逼劍心。劍心在生死關頭，終於放下「大死」之心，激發出熱愛生命的求活意志，大死大生，這才悟得劍招奧義，才真正從殺人劍蛻變成活人劍。

劍心往往在與敵人交戰不敵、命懸一線之時，才使用絕招，此刻重將刀劍入鞘歸零，屏氣凝神之後，飛速拔刀打敗敵人，但為何要在最後才放大絕？是否就如劍心說：「看清敵我的實力，也是劍客重要的資質。」待看清敵人劍招破綻「空隙」之後，更能一刀擊中要害。

從中能否更如文殊執劍，悟「劍之空」而運「空之劍」？劍空，所以順逆、收放、快慢自如；人亦空，我、人、眾生、壽命，生滅無常，卻勇於面對與承擔，殺活自在；罪福同樣亦空，罪福雖然有報，但心不要墮入罪福的霧霾之中，當皎如明月朗照。劇中絕世高手比古清十郎的生活哲學：「春觀夜櫻、夏望繁星、秋賞滿月、冬會初雪」，若無閒事掛心頭，便是人生好時節。真正「活」在當下，才能發揮出極致的力量。

踏入真空妙有之境

——打開心世界的《冰雪奇緣》

不住事相，不無功用，
是法真空，常樂我淨。

《金剛三昧經・真性空品》開示，佛法的「真空」智慧，清淨心靈，讓人不斷超越自我對事相的執著與局限，邁向「常樂我淨」的妙有境界。

二〇一三、二〇一九年，迪士尼推出動畫音樂電影《冰雪奇緣》（*Frozen*）、《冰雪奇緣2》（*Frozen II*），叫好又叫座，轟動全球影視界。《冰雪奇緣》描寫姊妹情深、共同成長的故事，姊姊艾莎（Elsa）天生具有施展冰雪魔法的強大能力，但在玩耍中不慎誤傷妹妹以致垂危，此後父親便要艾莎戴上手套，封印能力，與人隔絕。後來艾莎意外暴露魔法而倉皇逃離人群，在冰天雪地的高山中解放自己，盡情發揮天賦才情，創造出驚豔亮麗的冰宮城堡，而妹妹安娜（Anna）拚命尋找艾莎，促使姊姊打開心鎖，找回真心，學會以真愛控制能力，造福大眾。

在續集《冰雪奇緣2》中，艾莎不時聽到「啊啊啊～」的神祕吟唱，聲聲呼喚，於是姊妹等一干人勇敢地展開冒險旅程，進入魔法森林，艾莎最終完成天命，化身為人與自然之間溝通的神靈。

「佛法在世間，不離世間覺」，《冰雪奇緣》雖然是世間故事，卻也在呼應真空妙有的境界。

無住生心與 Frozen Heart

應無所住而生其心。

面對緣起變幻的世界，《金剛經》教導我們隨緣無住的自在生活。

如同「水」，能上升成雲氣，固結為冰雪，現代科學發現水能留住接觸過的訊息，而水結晶能反映人情緒的善惡美醜，通俗地說，水有感受與記憶。水的變化與神奇，極能彰顯「真空妙有」，如《心經》說：「色（物質）即是空，空即是色。」萬物具有「空性」，故能隨緣變化，形成種種面貌。

萬物的「空性」其實與眾生本具的「佛性」是一體兩面，佛家也常用「水」譬喻「真心佛性」，萬法都是佛性的唯心顯現，如水起波，變幻無常。

《冰雪奇緣》一開始就唱〈冰雪之心〉（Frozen Heart）：

冰封之力無情又無私，埋藏一顆冰雪之心。對這冰雪又愛又恨，美麗和危險為伴，冰雪是不受約束的魔法。

何謂「冰雪之心」？冰雪深具象徵意義：冰雪聰明、澡雪精神、玉潔冰清、冰天雪地、寒冰地獄……，可好可壞，這些都是冰雪「奇緣」的表現。艾莎因長期壓抑、冰封內心，這是一種冰雪之心；艾莎在逃離現實後，變化出小時候堆的雪人，並賦予這雪人「雪寶」（Olaf）生命，雪寶天真浪漫，其實就是被艾莎壓抑的「初心」所化現，這是另一種冰雪之心。

雪寶是開心果，冰雪之身卻嚮往日光浴與溫暖的擁抱；雪寶遇到危險大呼小叫，卻又很能自我安慰調適；為了救安娜，雪寶情願點火溫暖安娜，甘願融化自己，雪寶後來消失在安娜懷中，不過艾莎又藉著水的記憶將雪寶復活。雪寶經歷生死危難與固態、液態、氣態的轉換，卻依然天真浪漫、無我無私。雪寶代表我們內在本具的純真初心、歡喜心、無住生心的童心，是被眾生隱藏起來的冰雪玲瓏之心。

揭諦揭諦與 Let it Go

以無所得故，心無罣礙，無罣礙故，無有恐怖，遠離顛倒夢想，究竟涅槃。……即說咒曰：揭諦，揭諦，波羅揭諦，波羅僧揭諦，菩提薩婆訶。

聖嚴法師在《心的經典——心經新釋》中解釋：「揭諦，揭諦，波羅揭諦，波羅僧揭諦，菩提薩婆訶。」這是真言大成就、解脫大自在之意……。意為：「去呀！去呀！去彼岸呀！用許多許多到彼岸的方法去彼岸，去成就菩提大道。」

艾莎獨自逃到高山，一片冰天雪地，拋開一切羈絆，唱出心聲〈放手吧〉（Let it Go）：

今晚白雪覆蓋山脈，轉眼不見足跡。過去隱藏自己，不去感覺，從此不再壓抑。距離讓萬物顯得渺小，曾經操控我的恐懼，絲毫再也不能影響我，放手吧！隨他去！是時候該展露我的才能，我自由了！

艾莎腳踏雪地，大地浮現出美麗的冰晶圖案，艾莎回歸小時候的遊戲初心，自由發揮天賦，創造出無比美麗的冰宮殿。

《冰雪奇緣》的主題曲〈Let it Go〉，掀起全球傳唱旋風，「Let it go」這句話在歌曲中穿插出現十二次，有中譯者配合歌曲情境，「Let it go」十二次意譯竟皆不同：不再躲、不再怕、不管他、不害怕、放寬心、向前進、向前衝、不後悔、不沉溺、不在意、算了吧、忘了吧。其實〈Let it Go〉整首歌曲的精髓，正呼應於《心經》〈揭諦咒〉的精神，就是不斷地走出過去的陰影，「心無罣礙、無有恐怖、遠離顛倒」，開顯真心！

阿字法門與 Into the Unknow

我恆唱持此之字母：唱阿字時，入般若波羅蜜門，名：以菩薩威力入無差別境界；唱多字時，入般若波羅蜜門，名：無邊差別門。

《華嚴經．入法界品》中，善財童子參訪善知識，善知眾藝童子傳授四十二字唱誦法門：第一字是「阿」，乃空無、無差別境界，第二字是「多」，乃緣起的無邊差別門，這兩字代表「真空妙有」之境。

「阿」是宇宙的根本，是空無、也是真心，唱誦「阿」字引領我們回歸原初的奧祕，朝向空性、佛性前進，踏入成佛之道。《冰雪奇緣2》的主題曲〈踏入未知〉（Into the Unknown），艾莎不時聽到「啊啊啊～」的神祕唱誦，伴隨「啊～」字的呼喚，艾莎吟唱：

啊～～～踏入未知，我好害怕跟隨呼喚、追尋未知而置身險境，你到底想要什麼？我要怎樣才能找到你？朝向未知的方向前進！

追求完美的艾莎，在「啊～」字的聲聲呼喚下，要進入未知、恐懼的空無領域。在踏進白霧茫茫的魔法森林後，艾莎以堅強的意志力與強大的超能力，降伏地、水、火、風四大精靈，成為人與自然之間溝通的第五神靈。艾沙也經由「啊～」字吟唱引導，進入未知的原初奧祕，了解自己的天賦本性，開展地、水、火、風、人的「五大緣起」，這正應和《華嚴經》的「阿、多」字門！

觀空自在與 Show Yourself

觀自在菩薩，行深般若波羅蜜多時，照見五蘊皆空，度一切苦厄。

《心經》「觀自在菩薩」教示我們如何觀照心物得以自在，了知外物及身心是由「色、受、想、行、識」等五蘊要素組成，在緣起性空的了悟下，勇敢轉化身心，突破自我局限，開展能力，才能自在度過一切苦厄困境。

《冰雪奇緣2》尾聲艾莎唱〈展現作自己〉（Show Yourself）：

內心深處冰封祕密，一生都受撕裂之苦，找尋了一輩子，展現你自己，讓我發現，進入那力量，投身全新世界！

《冰雪奇緣》首集，艾莎轉化冰風暴成為冰雪樂園，續集則轉化地、水、火、風四大精靈的阻礙成為助力，表現「色即是空，空即是色」的轉換能力。同樣地，「受、想、行、識，亦復如是」：恐懼、壓抑、隔絕，轉化成為歡喜、自在、和諧的感受；保守、僵固、安於舒適圈的想法，轉化成為積極、開放、進入未知的追尋；首集在海上倉皇逃走的場景，在續集中轉化成為不斷衝向黑海風浪的大無畏行動；冰封心識深處的悲傷記憶，轉化重生為雪寶的天真浪漫。

當體會到物質與精神的元素「五蘊皆空」，即能轉化五蘊的負能量，成為光明的正能量，顯示真實的自己與能耐。每個人都能成為轉化五蘊、度一切苦厄的觀自在菩薩！

「四大皆空」的緣起和合

——地水火風四族共生的《元素方城市》

地水火風空，如是無量德，
菩薩人中雄，以此度眾生。

《央掘魔羅經》說菩薩運用地、水、火、風、空，廣度眾生。佛門常以「四大皆空」做為禪觀對境，「四大」是指物質組成的四大要素——地（土）、水、火、風，而「空」在現象上是虛空，在法義上則指空性，「四大皆空」說明四大是互相依靠的緣起，沒有獨立自存的事物。

《元素方城市》（*Elemental*）是一部二〇二三年上映的3D電腦動畫片，由美國皮克斯動畫工作室和華特迪士尼影業共同製作，展現出豐富的想像力，畫風精美活潑。劇情設定在一個架空的元素城，住有土、水、火、風四族的居民，故事主軸是慧黠正直卻容易暴怒的火族女子小炎，遇見深具同理心、善感多淚的水族男子水弟，看似水火不容的兩人之間，竟意外發展出了浪漫的愛情故事。這部電影其實寓意了城市新舊移民、多元文化、職業身分、家人親情、個性差異的相處之道。且讓我們從《元素方城市》領悟「四大皆空」的緣起。

從四大屬性到恆順眾生

言恆順眾生者：謂盡法界、虛空界十方剎海，所有眾生種種差別，所謂：卵生、胎生、濕生、化生，或有依於地、水、火、風而生住者……。

在《華嚴經．入不思議解脫境界普賢行願品》中提到，有的眾生是依於地、水、火、風而存在，《元素方城市》正是以豐富的想像力，將四大元素擬人化表現出四種類型迥異的有情生命型態。

佛教說地、水、火、風的屬性，分別是堅、濕、暖、動。《元素方城市》中，土族人穩重平和，風族人放空輕快，水族人感性溶入，火族人火力全開。

《勝天王般若波羅蜜經》教導我們當如何正觀四大屬性，如：「一切藥草皆依地生，一切善法皆依般若波羅蜜生。」電影中土族人的身上長出各種花果植物，綠化環境；「又如大地出種種寶」，同樣地，元素城利用沙土中的矽晶，製作出美輪美奐的玻璃新市區。

「又如水大，能潤草木，得生華果；般若波羅蜜亦復如是，潤諸三昧，生助道法，成一切智樹，得佛法果，利益眾生。」城中水瀑灑落草木上，花草欣欣向榮；「如人夏熱，遇水清涼。」脾氣火爆的小炎，遇見溫柔體貼的水弟，因而除卻心中熱惱，清涼自在；「又如水泉甚深難入；般若波羅蜜亦復如是，諸佛境界甚深難入。」小炎以火為身，無法入水，城管風姊吹了一個大氣泡包住小炎，由水弟推著大氣泡進入水底，讓小炎觀看從小嚮往卻無法一窺真容的水中花，水中花的綻放，感動了小炎鼓起勇氣去實現夢想。

「又譬如火，悉能成熟一切諸物。」火族人製造玻璃、鐵器十分拿手。「又如小火，能燒三千大千世界；般若波羅蜜亦復如是，若聞一句，則能焚燒無量煩惱。」小炎父親笑聲爽朗，金句連連，照亮人心，如「真火不怕水澆」、「深呼吸，用心去交流！」

「菩薩摩訶薩行般若波羅蜜，多修空行，無所住著。……通達平等隨順法界，神通遊戲十方國土。」風族人常行虛空，身如雲霧，擅長快速運動，而身為城管的風姊，能無住生心，情理法兼顧，恆順眾生，成就大眾。

從四大緣起到唯心創造

或時心欲令不可說無量世界地、水、火、風四大聚中所有微塵，一一塵中皆悉演出不可說法門。如是所念，一切隨心，無不得者。……一切諸佛以地、水、火、風為眾生作佛事。

《華嚴經．十地品》開示我們，當以四大為眾生作佛事，唯心創造。元素方城市的建設盈滿了四大情調：水船水道、湖泊瀑布、天空飛艇、摩天高樓、花木扶疏、玻璃新區、火族小鎮……。

小炎的父母是火族在元素城的初代移民，辛勤開設「雜火店」，炎父在小炎小時候就告訴她：「這家店鋪，等你準備好後，就要交給你來繼承。」小炎滿心歡喜地期待，但因小炎對於「奧客」容易暴怒，炎父一直無法安心讓她接管店面。小炎長大後發現，其實自己並不想接手經營店鋪，但卻不忍拂逆父親的期望而說不字，致使她的脾氣愈發無法控制。直到小炎遇見對她相愛相知的水弟，她才找到真實的自己，而非活在老父的期待與傳統種族門第觀念的陰影之中。

小炎更火力全開，創意無限：小炎在修復水壩時靈光閃現，將現場所有的沙袋融化製成巨大的玻璃樹花，美妙地填補住破洞。小炎在玻璃手藝方面天賦卓絕，隨手將碎玻璃或者沙土、鐵材一捏一塑，便形成亮眼的藝術作品。小炎在水弟的鼓勵下，忐忑不安地向炎父坦白，不想接手雜火店，炎父卻哈哈大笑道：「這間店不是我的夢想，你才是我的夢想。」

從水火不容到圓融無礙

一一毛孔所有剎，不可言說無央數，
於中地水火風輪，微細容持不相雜。
彼諸世界所安立，形量名體皆不同，
剎中種種眾生身，色相莊嚴亦無量。

《華嚴經．入不思議解脫境界普賢行願品》指出：如毛孔般的小空間就能含容無量不同世界與眾生，地、水、火、風的性質差異不相雜亂，卻能彼此微細地容持對方，共同造就種種莊嚴的世界。何況是身處於大空間中的我們，豈能心量狹小、彼此之間水火不容呢？

《最勝問菩薩十住除垢斷結經．菩薩證品》更以身體為觀：「四大參差神識所居，地增水減則生其疾，水增火減則生其疾，火增風減則生其疾。」我們的身體如同「元素方城市」，包含了四大要素，四大有相生相剋的功能，若四大調和則人神清氣爽，但若四大失調則百病叢生。所以，關鍵是我們的心要能調和四大，不能讓四大互相凌滅傾軋。

元素城本來不太歡迎火族移民，在花展中亦不准火族進入，炎父也稱水族人為「臭水人」，在朋友圈中水火不容，小炎與水弟的戀情不被火族接受。但在水弟的用心之下，發現水火只要溫度調節適當，水可以讓火人得到清涼爽快，火可以讓水人感到溫暖熱力，水弟欣賞小炎的光明熱力，並以身體折射聚集小炎的火光，小炎欣賞水弟善感的淚光，透過小炎與水弟的相知相惜，最晚來到元素城的移民火族人，終於打破跨元素的障礙，順利融入「元素方城市」。

《楞嚴經》說：「地水火風，本性圓融，周遍法界。」地、水、火、風並非獨立自存，更非水火不容，一切萬法都是唯心變現，端看我們能不能從中領略異中求同、同中存異的圓融智慧！

物性、人性、佛性的昇華之道

——人工智慧的仿生人《A. I.創世者》

工巧有技術，多所能成就，機關作木人，正能似人形。舉動而屈伸，觀者莫不欣，皆共歸遺之，所技可依因。

《生經》是講過去生中之事，其中的《佛說國王五人經》描述遠古文明中，所製造的機關木人，宛若活人，真假難辨。

《A. I.創世者》（*The Creator*）是二〇二三年由蓋瑞斯・愛德華（Gareth Edwards）執導的美國科幻戰爭電影。A. I.浪潮正席捲全球，A. I.

是人工智慧Artificial Intelligence的縮寫，《A. I.創世者》劇情設定在二〇六五年，講述人類與人工智慧之間的戰爭與和諧的關係，美軍追擊一位高級人工智慧設計師，阻止其研發對人類生存造成威脅的新型A. I.仿生人。

本片涉及許多A. I.議題，不過都只輕輕掠過。以下從佛教經典對於「機關木人」的諸般描述，對照《A. I.創世者》，提供我們對於現代A. I.機器人發展的省思。

工巧A. I.機器人

即以材木，作機關木人，形貌端正，生人無異，衣服（種種）顏色，（表現）黠慧無比，能工歌舞，舉動如人。

佛教中菩薩學習「五明」等種種學科，在《佛說國王五人經》中佛嗟歎「工巧明」，並述及阿那律尊者在久遠的前生之時就工巧第一，曾製作機關木人，能歌善舞，乍看猶勝活人，觀眾欣悅而紛紛歸遺（餽贈）錢財，佛更說此木人「黠慧無比」，這不正類似於A.I.機器人嗎？佛接著又說：「智慧及工巧，端正并精進，皆詣福德門，侍立為臣僕。」世間的智慧、工巧、端正、精進，都應為人類福祉服務。

現代科技逐漸發展出A.I.機器人，《A.I.創世者》的劇情是，距今四十年後，人類方方面面運用A.I.機器人，但不幸A.I.機器人卻對人類發動核戰，美國決心消滅全球高智能的A.I.機器人，因而到處引發衝突戰爭。

水能載舟亦能覆舟，人類朝高科技發展是時代所趨，科技無可避免具有正負兩面影響，科技始終來自人性，人唯有多發揚善性才能善用高科技，否則必遭滅頂之災。

業現A.I.機器人

又如巧幻師，在彼四衢道，示現眾色相，業性亦如是。

> 如機關木人，能出種種聲，彼無我非我，業性亦如是。

《華嚴經・菩薩問明品》中，以魔幻師的幻化事物與工巧師製作的機關木人，舉例說明一切現象都是隨順業力而展現出來的。

這對應到現代科技，就類似於「虛擬實境」與「A.I.機器人」，業力是指因緣果報的力量，若能掌握因緣法則，自能掌控果報的產生。

科技的發展與戰爭的發生，也都是隨順眾生業力而致，人心善惡是「業力引爆」的關鍵。《A.I.創世者》中約略顯示出東、西方意識型態的重大差異，以美國代表自我霸權、思維二分的心態，以山水秀麗的「新亞洲」代表萬物和諧、共生相融的心境。

美帝霸權容不下對自我造成威脅的A.I.機器人，而新亞洲則與A.I.機器人如親朋般地和睦相處。美帝恣意殺入新亞洲摧毀A.I.機器人，尤其美方的巨型殺戮航空戰艦「游牧者」，狀似空中大鷹，瞬間大面積地轟炸毀滅A.I.機器人的基地，不顧其中混居的人類，以超強武力鎮壓管控一切。

「鷹」在西方常做為強勢圖騰象徵，如美國國徽的正面即是以白頭鷹為主體，「鷹」具有高高在上、俯視蒼生、霸主、戰鬥、自由等意象。

無我A. I.機器人

猶如合材機關木人，因對動搖，愚者覩之，謂為是人；慧明察之，合木無人。

《修行道地經．菩薩品》以機關木人為例，木人因遇對象碰觸而動搖，但這其實只是機械性的反應，要大眾反觀自身也是因遇對象而動搖身心，內在真能自主的主人翁究竟在哪裡？

在本片裡，不論東、西方都有人愛上A. I.機器人，以之為伴侶。女主角新亞洲人瑪雅，從小被A. I.機器人呵護長大，在感情投射下，她認為A. I.機器人是真實的家人，其夫美國軍人約書亞本不認同，但後來在面對看似無辜、純真的A. I.小女孩，竟也無法執行任務下手終結小女孩。固然，A. I.機器人能成為人的夥伴，甚至讓人的感情得以寄託，但智者不會以虛擬實境或A. I.機器人當作真實對象，反而能利用A. I.機器人觀察、學習「無我」之道。

正如《大寶積經．佛說入胎藏會》要大眾觀照自己身心猶如機關木人：「從足至於頂，雜穢不堅牢，由此共成身，脆危如葦舍。無梢（竿子）唯骨立，血肉遍塗治，同機關木人，亦如幻化像。」我們不要將雜穢脆危的身軀骨肉認作是真實的自己，這就只是如同機關木人或短暫的幻像罷了。

進而，如《小品般若波羅蜜經．稱揚菩薩品》更觀察機關木人無心卻能成辦種種事業：「如如來所化人，隨事能作，而無分別。世尊！般若波羅蜜亦如是，隨所修習，皆能成辦，而無所分別。世尊！譬如工匠，於機關木人，若男若女，隨所為事，皆能成辦，而無分別。」我們也應秉持般若空慧，隨緣行事，不必生起無用多餘的煩惱執著。

本片的女主角瑪雅情感投射將A. I.仿生人當作真實的家人，而舉槍指向自己的人類丈夫。另一位人類男子愛上仿真女人，女友機器人為愛犧牲，無怨無悔，但人類男友卻難以撫平情傷。

不論是如美帝般自我中心地消滅A. I.仿生人，或者過度投射自我感情到A. I.仿生人的身上，過與不及其實都缺乏無我的智慧。

佛性A. I.機器人

如機關木人，若無有楔，身即離散，不能運動。菩薩摩訶薩亦復如是，無菩提心，行即分散，不能成就一切佛法。

《華嚴經．入法界品》開示，機關木人依靠楔榫連接才能運動身軀，菩薩的菩提心就如同楔榫，菩薩行動都是依菩提心而發動。

顯然，A. I.機器人是善是惡，在於設計者與操縱者的心。本片中，擁有遠程操控機械能力的A. I.小女孩，是其母親利用自己懷孕的胚胎組織製成的生化A. I.人，因愛而誕生，小女孩必須以佛教的合掌，乃至打坐方式才能發動出特異功能；反之，美軍的戰爭機器人則因殺戮而生，舉止暴戾。山頂金光燦爛、法螺造型的巨大佛寺居住一群A. I.和尚，傳播佛法，這就如同如來的化身，無心卻能成辦佛事，同時這亦是設計者菩提心的流露表現。

背叛美軍的男主角約書亞（Joshua），同於西方的救世主耶穌或先知之名；其妻A. I.小女孩的設計師瑪雅（Maya）之名，則同於釋迦牟尼佛的母親——佛母摩耶夫人，摩耶是「幻化」、「愛」之意；新型仿生人A. I.小女孩名為阿飛（Alfie），寓意智者，符合其具有自動學習的智能。從三位主角的名字、A. I.和尚，及其中構想的新亞洲來看，本片意圖結合崇高的東、西方宗教理念與現代科技的發展，反思西方近代科技大國自我中心的強勢殖民霸權作派。

科技始終來自人性，A. I.機器人本無心、無我，而以人的心念為其心思。人類將人性注入物性之中，人性善惡造就A. I.機器人的善惡，我們唯有努力開發自己純善的佛性，以智導情，才能善用科技。存好心，做好事，福慧業果自然增上，就不必擔心憂慮會被A. I.機器人取而代之，進而更可創建福慧圓滿的人間樂土。

轉八識成四智

——如神龍自在的《功夫熊貓》

大圓鏡智性清淨，平等性智心無病，
妙觀察智見非功，成所作智同圓鏡。
五八六七果因轉，但用名言無實性，
若於轉處不留情，繁興永處那伽定。

《六祖壇經．機緣品》中惠能大師開示唯識學的「轉識成智」之道，轉凡夫的八種認識作用，成為聖者的四種智慧。「眼、耳、鼻、舌、身」等前五識的感官認識，轉成「成所作智」，第六識「意識」成「妙觀察智」，第七識「末那識」成「平等性智」，第八識「阿賴耶識」成為「大圓鏡智」。

因地用功的重點在於以第六識的正思惟，毫不留情地轉化第七識的我執心態，空掉執著後，前五識與第八識也就歸於清淨，定慧圓明，不必勉強用功就能繁興大用如「那伽」（神龍）般的神通自在。

美國夢工廠製作的《功夫熊貓》（*Kung Fu Panda*）動畫電影，從二〇〇八至二〇二四年，共有四部電影上映，講述古中國有隻呆萌的熊貓阿波，立志習武行俠成為「神龍大俠」的成長過程，劇情笑中帶淚，寓教於樂，是普受好評的闔家歡電影系列。全劇以動物擬人化演出，種類繁多的動物角色顯然有所參考中國傳統的形意拳或十二生肖等動物形象，如：龍、虎、豹、蛇、鶴、熊、猴、螳螂等拳勢，具有濃厚的中國風，「熊貓」更是中國獨有的國寶動物。

本片的各類動物角色，頗能對應各種心性狀態，下文將從佛家心理學「八識」與「轉識成智」的角度，對劇情人物進行有趣的對比解讀。

前六識的善惡造作

前五識是指「眼、耳、鼻、舌、身」等五官的認識，對外直覺「色、聲、香、味、觸」等五塵的境界，第六「意識」則在內辨別統籌前五識的資訊，指揮領導前五識形成身心的統合運作。第六意識若朝正向發展則能形成「妙觀察智」，是觀察諸法及一切眾生根器而應病予藥的智慧，前五識則轉為「成所作智」，是成功所作一切實際普利眾生的智慧。

《功夫熊貓》中，居住在和平谷以維護正義的基本成員，有浣熊師父與徒弟蓋世五俠，這六位代表前六識的正向發展：

浣熊師父代表「第六意識」朝向「妙觀察智」發展，精通各式武藝與洞悉徒眾根性差別，因材施教，重視師徒情義。

徒弟悍嬌虎、仙鶴、快螳螂、靈蛇、猴王等五俠，代表「前五識」朝向「成所作智」進展。師父常居高山翡翠宮中，高瞻遠矚、謀畫指揮；五俠在師父的領導下，在外行俠仗義、除暴安良，成就利益眾生的功德事業。

《功夫熊貓4》的反派魅影妖后變色龍，代表第六識中的陰謀詭計，變色龍可偽裝變作任何人，仿效其功夫招式，妖后費盡心機操縱幻術，最後卻被功夫熊貓阿波打回原形，落得竹籃打水一場空。

第七識的貪癡轉化

第七「末那識」（意根）是潛在意識底下的我執根源，深具我癡、我見、我慢及我愛，導致貪愛自我、自我優先、自私自利的心態。反之，通達無我平等的道理，而對一切眾生起無緣大悲，則稱為「平等性智」。

熊貓阿波代表「第七識」朝向「平等（空）性智」展現，「第七識」原是「貪癡」執著深重，阿波呆萌「貪吃」卻單純善良，對人真誠，不分貴賤，平等相待。浣熊師父原本不知道該如何教導呆萌的阿波，後來看準他「貪吃」異常，就以飲食誘惑逼迫阿波勤學苦練，這正是用佛門所謂「先以欲鉤牽，後令入佛智」的善巧方便，此招果然奏效，阿波進步神速，終於達到可以授予龜大仙遺留給阿波「神龍祕笈」的水準。但當阿波展開祕笈，竟是無字天書，無法得其門而入，做不成神龍大俠。

後來阿波回到養父鵝爸「平先生」家，鵝爸要把麵店傳給阿波，於是將麵店的祖傳祕方透漏給阿波，原來祕方竟也無一字，這代表學法貴在自悟自信、自我突破。阿波當下領悟，於是成為了神龍大俠，「神龍」可象徵真空妙用、變化無方。開麵店的鵝爸「平」先生似也象徵平常心是道、平等服務一切顧客。

《功夫熊貓1》的反派殘豹，代表第七識的「我慢」，唯我獨尊，殘豹是從小被師父收養的練武奇才，自認是神龍大俠的不二人選，不容他人勝過自己，傲慢殘暴，但後來被領悟無字天書又自悟師父絕招「無相劫指扣」的阿波完敗。這也代表無相平等才能超越我慢的高山。

《功夫熊貓2》的孔雀沈王爺，代表第七識的「我貪」與求不得而來的「瞋火」，因為羊仙姑預言未來有位「黑白相間的武士」會擊敗他，為了順利繼承王位，沈王爺不擇手段屠殺熊貓族，後來又製造大量火砲，準備征服全中國。阿波為了拯救蒼生，在被火砲轟擊彷彿置之死地中忽然心如止水，領悟出師父曾示範過的陰陽（黑白）圓轉的太極功法，於是用手將砲彈迴旋反殺沈王爺。陰陽不是對立衝突，而是和合融通、相生互轉，這也是「平等性智」的表現。

第八識的含藏覺照

第八「阿賴耶識」（藏識）能含藏萬物潛能，隨緣變現萬法，朝正向發展則能形成「大圓鏡智」，朗照顯現一切事物。

精神宗師龜大仙代表「第八識」朝向「大圓鏡智」，展現出「生死自在」的境界。「龜」有長壽、龜息的意涵，佛家則有「烏龜藏六」之說，是指六根不往外攀緣而回歸本識的清淨面。龜大仙教導不打妄想、活在當下，他心如止水卻能感知現狀、預見未來、了知諸事，龜大仙一眼就看中不會武功的阿波，指定賦予其「神龍大俠」的身分，要浣熊師父相信阿波，好好教導阿波。龜大仙總是高深莫測、自適逍遙，其壽終時自知時至，伴隨風中飄逸的桃花瓣回歸靈界，身雖仙逝，精神卻永存，桃李滿天下。

《功夫熊貓3》靈界的天煞大師蠻牛，其與龜大仙原是生死至交，但後來天煞常用邪法吸取武林高手的氣功能量，損人利己，並把他們變成一個個小傀儡配戴在腰間做為戰利品收藏，需要時便放出傀儡為自己辦事。天煞代表「第八識的執藏性」與「我愛」結合，想要執藏一切能量並為我所用。天煞最後被死裡逃生的熊貓村人集體灌氣給撐爆了，這是貪得無厭的必然下場。

邁向轉識成智

八識是我們的心理認識功能，轉八識成四智就是成佛之道。《功夫熊貓4》中的狐狸小真，正代表邁向「轉識成智」，小真幼年就被妖后變色龍收養訓練，妖后派她去翡翠宮偷盜龜大仙傳給阿波的太極法杖，小真被阿波捉住，但狡猾的狐狸靈機一動，佯裝可以帶阿波去收拾妖后，一路上和阿波成為朋友，但在緊要關頭卻出賣阿波，阿波才知道原來狐狸是變色龍的高徒。最後小真終於認清阿波的正直善良與變色龍的邪惡薄情，轉而救出阿波，阿波看出小真良心發現且其具有習武的巨大潛能，於是不念舊惡，將自己神龍大師的地位授予小真繼承，阿波自己則升級成為如同龜大仙般的精神宗師。

妖后收養小真，或者師父寵愛殘豹，最後都走向師徒對戰的不幸結局。反觀鵝爸收養阿波，阿波成為麵店的得力助手，後來阿波的生父李山來尋，兩位父親共同關愛阿波，都可為救阿波不惜老命，則流露出「無緣大慈（養父）、同體大悲（生父）」的喜捨精神，阿波讓小真繼承衣缽，同樣也是慈悲喜捨的展現。

從唯識看《功夫熊貓》啟示我們，每種動物角色都可象徵我們心識的某一部分，自己目前像哪一種角色？龜大仙代表生死自在的境界，我們能否如阿波、小真般地勇敢跨越自我，邁向自我成長、轉識成智的道路呢？

參

法華成佛

《法華經．方便品》的教育精神

——有教無類的《我的嗝嗝老師》

諸佛本誓願，我所行佛道，
普欲令眾生，亦同得此道。

《法華經．方便品》是法華全經的開宗明義之處，宣示佛陀教育理念在於運用種種善巧方便，普令一切眾生皆成佛道。

美國教育界家喻戶曉的模範老師布萊德．柯恩（Brad Cohen），根據其自傳小說於二〇〇八年改拍成電影《叫我第一名》（*Front of the Class*），二〇一八年又改編成印度電影《我的嗝嗝老師》（*Hichki*），上映後好評連連，是部春風化雨的校園勵志片。《法華經》是談佛教教育理念的代表經典，讓我們從佛法在世間的角度，觀看《我的嗝嗝老師》如何從學校教育發揮有教無類的精神。

逆轉不可能

乃至童子戲，若草木及筆，或以指爪甲，而畫作佛像，如是諸人等，漸漸積功德，具足大悲心，皆已成佛道。

〈方便品〉鼓勵大眾不論現況如何，只要有所善根，乃至如童子以手指在沙土上繪畫佛像，漸漸積累功德，必能成佛。

影片主角奈娜自小罹患罕見疾病「妥瑞症」（Tourette Syndrome），肇因於腦內多巴胺不平衡，常會發出怪聲與肢體抽動。她上學後總被同學及老師排斥，不斷轉校，直到某天在新學校，當全校公演時，小女孩仍不時發出怪聲，校長叫她上台，當眾問明原因之後，校長說：「你今天教了我們什麼是妥瑞症，我們會如你所願，就像對待其他學生一樣地對待你。」全校師生熱烈鼓掌，從此大家都願意接納這位患有妥瑞症的小女孩。

此事深深烙印在小女孩心中，奈娜長大後獲得教育及科學雙學位，致力於能當一位好老師。但是，滿懷教學熱誠的她，經歷了五年十八次的應徵，沒有一間學校願意聘用她，奈娜的父親及面試官都勸她找一份適合自己、能獨立完成的工作，才不會因為發出怪聲而影響他人。可是奈娜絕不認命，執意從事教職來肯定自己、實現夢想，甚至對父親幫她找到其他工作而心生不滿，兩人產生衝突嫌隙。

平心而論，奈娜發出的怪聲確實會干擾他人，無論在校園裡，或在餐廳用餐，她一再發出怪聲，大眾對她嘲笑或者排擠，是人之常情，但是，母親及奈娜一直將自己視同平常人，不願意接受會干擾別人的事實，也不願到特殊學校就讀，雖然可汗校長開明寬大地接納她，不過這畢竟只是一種態度，並無法消除怪聲仍干擾大眾的事實。縱然奈娜的舉止不容於社會標準，不容於理性規則；但是，大眾仍願意體諒與包容奈娜——人生令人感動之處，往往就在於此！

後來奈娜回母校應徵教職，她講述了老校長的故事，加上因為學校成立了由貧民窟學生組成的放牛班，學生頑劣叛逆，沒有老師可以勝任，所以勉強同意讓她一試。她要如何繼承老校長的師範精神？如何春風化雨逆轉放牛班？如何在教學中肯定自己，翻轉弱點？在在都是嚴苛的考驗。

沒有壞學生

無智者錯亂，迷惑不受教，我知此眾生，未曾修善本，堅著於五欲，癡愛故生惱。……一切諸如來，以無量方便，度脫諸眾生，入佛無漏智，若有聞法者，無一不成佛。

〈方便品〉中，即使欠缺善根不受教的眾生，佛都會設想出適合他們的種種善巧方便，轉化使之成佛。

自負與驕傲的資優班導師瓦迪亞，鄙視放牛班的學生，也不太接受嗝嗝老師。瓦迪亞及許多學生認為，放牛班的學生來自貧民窟，自暴自棄又不知上進，所以他們格外瞧不起這群學生。

放牛班的同學也不歡迎這位「嗝嗝老師」，還嘲笑她，不斷惡作劇。嗝嗝老師淚水往肚裡吞，發揮從小培養出的堅韌精神，付出真心，關懷學生，永不放棄，展現感動人心的正能量，學生終於從質疑她，轉而信任她。

嗝嗝老師逆轉勝的契機，首先是替學生頂罪，之後恩威並濟，又想方設法使教學充滿創意與啟發，上課方式活潑化與生活化，營造快樂學習的氛圍，更從家訪中切實了解貧民窟的生活情境，以及發掘每位同學的優點、潛能，一步一步激勵同學奮發向上，讓學生看見擺脫貧困的機會。

但在一切漸入佳境之際，卻因為兩位同學破壞資優班參加全國比賽的作品，導致全班更加被否定，全遭勒令退學，除非期末考能及格才予復學。嗝嗝老師帶領同學在校外上課，大家也重新接納、擁抱做壞事的兩位同學，同心拚考試。

此時，一位資優生心存報復，找人拿「假考題」給放牛班學生，所幸這些學生人窮志不窮，不看考題，靠自己的努力，終於通過期末考。但是，此時竟傳出放牛班學生是因為事先偷考題才過關的謠言，學校決定維持放牛班全班退學的處分。

在全校集會宣布放牛班全員退學之際，瓦迪亞因前一天意外知道真相，竟公開對全校說是他釋出「假考題」給問題班學生，自攬罪責準備離職。嗝嗝老師知道一定不是瓦迪亞所為，再三慰留他，希望大家一同努力教育學生。

普賢菩薩十大願王的「恆順眾生」，正是隨順眾生的根器與機緣而度化，天下無難事，只怕有心人，沒有教不好的學生，只有不會教的老師。面對「壞學生」、「壞人」，誠如聖嚴法師開示：

我常這麼說：「人間沒有壞人，只有偶爾有人動了壞念頭，做了壞事。」壞事可以改，壞心可以變，如此淨化的人生或人生的淨化，方有其實現的可能性。人的可貴處就是有可能從壞變好，從好變得更好。

暗黑正能量

眾生心所念，種種所行道，若干諸欲性，先世善惡業。佛悉知是已，以諸緣譬喻、言辭方便力，令一切歡喜。

〈方便品〉指出不論眾生的種種根性欲求，或是戒定慧、或是貪瞋癡、或是造作善惡諸業，佛都能順從眾生的經歷而令他感悟，生出歡喜精進佛道的力量。

從黑暗走過，浪子回頭，往往更有力量。嗃嗃老師從小被排擠，在可汗校長的支持下，產生了堅強的意志，展現從哪裡跌倒就從哪裡站起來的毅力。自我放棄的放牛班學生，來自貧民窟被人歧視，這時遇到從小就備受百般訕笑與排擠的嗝嗝老師，激起學生的向上意志，人窮志不窮，反倒更努力脫貧，正如嗝嗝老師對校方說：「學生們惡作劇也需要計畫、遠見與聰明，如果我們能找到辦法正確引導這種能量，有一天他們可以是學校的驕傲。」

嗝嗝老師家訪後對學生說：「你們都是自己行業的專家，但更是蔑視自己的大師！」要學生把憎恨自己的事寫下，摺成紙飛機，大夥上樓把紙飛機拋射出去，讓紙飛機帶走恐懼，不再卡住生命。

優秀自負的瓦迪亞老師，在了解自己教出的資優生的品格反而不如放牛班，內心煎熬，勇敢地自攬罪責。做壞事的資優生犯錯之後，在老師身教的感化之下主動來找瓦迪亞，將資優的榮譽徽章退還給老師。這些都是經過黑暗面的考驗之後，幡然醒悟，而能有更深更高的生命境界與同理心。

天台宗智者大師在《觀音玄義》中解釋《法華經》中直面罪惡的修行理念：「佛雖不斷性惡，而能達於惡，以達惡故於惡自在，故不為惡所染，修惡不得起，故佛永無復惡，以自在故，廣用諸惡法門化度眾生，終日用之，終日不染。」佛體悟通達性惡，才能斷盡修惡，並利用人心的五毒「貪、瞋、癡、慢、疑」做為眾生悟道的契機，就如佛教中：摩登伽女陷於貪愛，卻看透愛欲而得解脫；殺人魔央掘魔羅，放下屠刀，立地成就；貪睡的阿那律陀，遭佛訶叱，七日不眠而瞎眼，之後練就「天眼第一」；世親菩薩起初學習小乘而毀謗大乘，在明白大乘的殊勝之後，要割舌謝罪，但其兄無著菩薩卻說：「今以舌讚大乘，補過自新。」宣揚大乘才是真正的懺悔，世親菩薩便致力於讚揚大乘佛法，成就「千部疏主」的美譽。

人非聖賢，孰能無過，黑暗更襯托光明，改過必生智慧，黑暗也是一種「逆增上緣」，也是一種淬煉、成就自己的力量。

佛陀是三界大導師，《法華經・方便品》揭示的教育精神，足為世間教育的楷模，覺之教育、有教無類、眾生成佛的確切落實，有待你我生生世世的共同努力！

善巧方便的開權顯實

——展現奇蹟的《小飛象》

佛種從緣起，是故說一乘，
是法住法位，世間相常住。

《法華經．方便品》說，佛透過種種權巧方便的緣起，為大眾播下成佛的種子，一乘成佛大法是在世間現象之中不為外境迷惑，能安住於開顯自己本具的真常佛性。

《小飛象》（*Dumbo*）是一九四一年上映的迪士尼經典動畫卡通，相隔近八十年，二〇一九年由提姆．波頓（Tim Burton）導演，重拍《小飛象》電影真人版。卡通版大量描繪馬戲團中擬人化的動物世界，真人版則多以人取代動物的角色，並將卡通版的神奇劇情稍加合理化，但兩部影片同樣都在表現翻轉現實、實現夢想、信心勇敢、發揮才性，相當感動人心，深具教育意味。

《小飛象》與注重佛教教育理念的《法華經》，在啟發人性上頗有異曲同工之妙，佛經中也常用簡單的故事來譬喻深奧的佛法，以《法華經》的譬喻故事對照《小飛象》，更可見佛法無處不在，觸目皆道。

衣裏明珠喻：開發潛能

示以所繫珠，貧人見此珠，其心大歡喜，富有諸財物。

《法華經．五百弟子受記品》的「衣珠喻」中，窮人穿的衣服裡繫有無價寶珠，自己卻不知，後來經好友指示才恍然大悟，自己原來本有財寶，並不貧窮。

小飛象原名「珍寶」（Jumbo），但因生來有雙超大的招風耳，被大家嘲笑為「呆寶」（Dumbo），若就佛法的角度來看，這名字的改變可象徵我們失去了原有的寶貴佛性，處於無明懵懂的狀態，但其實佛性只是潛藏起來，有待開發。

卡通版中呆寶用一雙大耳包卷自己的畫面，無異正像衣裏明珠！但眾人只見外衣垢弊，卻不見內有珍寶，呆寶需要良師益友的指導，開發佛性珍寶。

方便化城喻：成長之路

我見汝疲極，中路欲退還，故以方便力，權化作此城。

《法華經．化城喻品》中追求自我解脫的小乘者，不敢承擔普度眾生的大願力，也不相信自己內在具有佛性、可以成佛，於是佛用善巧方便度化他們，佛說解脫生死輪迴的小乘法就是真實殊勝的佛法，這是先讓大家歡喜修學，但在大眾修成之後，佛講了「化城喻」的故事：

有位導師帶隊將到遠處尋找珍寶，中途大家疲累不堪，無法前行，此時導師便幻化出一座大城，讓眾人在城中止息，充分休息過後，導師和眾人說明這座城市只是化城，讓大家暫時安穩歡喜，現在我們要再打起精神，勇往直前。佛先以善巧方便將暫時性的方法說為究竟，直待眾生成就之後方才說破，更要眾生開發自己的佛性，勇於承擔，邁向成佛大道。

《小飛象》卡通版中，呆寶心情低落，意外喝醉後，一早醒來，自己竟高臥在樹幹上。「笨重的呆寶是如何上樹的？」身為呆寶良師益友的小老鼠想到「呆寶竟能飛」，烏鴉群立刻訕笑起來，嘲諷著：「馬能飛、房子能飛、花生能跳舞、針孔會眨眼、車子也能聊天啊！」但這時有隻聰明的烏鴉，拔了根羽毛，交給小老鼠，他們知道了小象的招風耳原來有妙用。小老鼠告訴呆寶，這是支神奇的飛行羽毛，只要你用鼻子握住羽毛，你就能飛。呆寶信以為真，在懸崖邊握住羽毛，努力拍動大耳，果真飛向天際。

後來馬戲團演出高樓起火的戲碼，要呆寶從高處跳水，但慌亂中呆寶掉失羽毛，不敢飛翔，這時小老鼠和呆寶說，羽毛只是幌子，其實呆寶是真正的小飛象，於是呆寶振耳高飛，終於找到了真實的自己，發揮出了天生大用，並能承擔起馬戲團表演、營收的重責大任。在真人版中，同樣運用羽毛訓練呆寶飛行，但在一次大火中，羽毛化為灰燼，呆寶危急之中，終也能靠自己的力量振耳高飛。

佛門有謂：「先以欲（樂）鉤牽，後令入佛智。」讓呆寶把捉羽毛正如「化城喻」，表徵成長之道的中途需有善巧方便。禪宗更說：「懸崖撒手，自肯承當；絕後再甦，欺君不得。」小飛象正如小鳥學飛，終必從高處勇敢撒手一跳，大死大生，方能找到真實的自己。

小龍女成佛：創造奇蹟

龍女謂智積菩薩、尊者舍利弗言：「我獻寶珠，世尊納受，是事疾不？」答言：「甚疾！」女言：「汝以神力，觀我成佛，復速於此。」

《法華經．提婆達多品》中，大智文殊菩薩說出八歲的小龍女即將成佛，智積菩薩不信，因為他自己的智慧是累積而來的，智積更以釋迦如來為例，成佛是必須無量劫的積功累德，絕非一蹴可及。佛陀十大弟子中，智慧第一的舍利弗也表示難以置信，指出女人不能作梵天王、帝釋天王、魔王、轉輪聖王、佛身，身為女子如何可以速得成佛？大眾以各種理由質疑身為女子、小孩、畜生道的小龍女，如何可能成佛？這時小龍女立刻獻出自己寶貴的龍珠供養佛陀，代表自己體悟到了眾生皆有寶貴的佛性真心，心、佛、眾生並無差別，之後眾人親眼看見小龍女轉瞬之間成佛，這才心服口服。

本片劇情最要緊的梗是：笨重、無力、可笑的小象，如何可能會飛？當小孩向大人說出看見呆寶能飛，大人打從心底不信，毫不經意回答：「別管呆寶。」一直到大家親眼見證之後，終於相信任何事都有可能發生奇蹟！

一切眾生都有佛性、悉得成佛，只怕自己不認得內在本有的珍寶，一旦能夠提取受用，成佛何難！小龍女如此，小飛象亦如是，皆是「法門龍象」。

三界火宅喻：真正自由

> 三界無安，猶如火宅，眾苦充滿，甚可怖畏。
> 常有生老、病死憂患，如是等火，熾然不息。

《法華經．譬喻品》比喻這個世界如同火宅，眾生都被貪、瞋、癡的煩惱大火燃燒卻不自知，猶在貪圖玩樂。

影片中馬戲團在開演之前先引用莎翁名句：「生存或不存在」（To be,

or not to be），這是說身而為人當探求自己存在的真實意義或者乾脆隨波逐流就好！如同影片中馬戲團的存在，終日追求虛假的歡樂，實質卻存在著種種生存煩惱，大家都被假象困住了。

馬戲團演出高樓起火的戲碼，逼迫呆寶從高處跳水、或用長鼻吸水滅火，呆寶確如身處火宅之中。利欲熏心的大老闆為了呆寶演出不受干擾，竟要殺死母象，為達目的不擇手段，後來大老闆因怒火攻心，不慎導致電器爆炸走火，遊樂園一片火海，正如佛經中五逆十惡的提婆達多，活活招感焚風旋繞，當下墮入地獄猛火之中，大老闆同樣也玩火自焚。

小飛象最終在如同觀音菩薩的善良團員的大力幫助下，飛出了馬戲團，伴隨母象回歸叢林，享受自由快樂的生活。馬戲團重新開張，不用野生動物表演，宣導愛護動物，贏得大眾喝采。同樣，三界火宅喻中，大夥逃出腐朽的火宅，到廣闊的露地，清涼自在，資具充足，這轉煩惱為菩提的「功德叢林」，才是真正的安身立命之處。

小飛象開發潛能的過程，從不可能創造奇蹟，對比《法華經》的衣裏明珠喻、方便化城喻、小龍女成佛、三界火宅喻，更加饒富意味與深度，同時也增添了閱讀佛經的趣味與活潑。

開示悟入成佛之道

——幼獅的成王之路《獅子王》

遊行無畏，如師子王，
智慧光明，如日之照。

《法華經．安樂行品》中以「獅子王」形容佛陀。獅子為百獸之王，在佛法中常以「獅子」象徵法王佛陀，「獅子吼」代表說法威伏四方，「獅子座」表徵法座，「獅子頻伸三昧」、「獅子奮迅三昧」以獅子舒展身體表示行動勇猛自在。

《獅子王》（*The Lion King*）是一九九四年迪士尼動畫電影，普受好評，之後又有續集與舞台劇，二〇一九年則由強・法夫洛（Jon Favreau）執導上映真人版電影。

《法華經》常以譬喻、故事開示大眾悟入成佛之道，《獅子王》中「小獅子如何成為大獅王」？讓我們對比《法華經》一參獅子禪——我是誰？

歡喜信受

> 真是佛子，從佛口生，從法化生，得佛法分。

《法華經・譬喻品》說唯有信受佛語，奉行佛法，得到佛法的氣分，才真是佛子。〈授學無學人記品〉中，佛為佛子授記成佛，聞佛授記者，歡喜踴躍，而說偈言：「世尊慧燈明，我聞授記音，心歡喜充滿，如甘露見灌。」

在影片中，榮耀王國的大獅王木法沙對兒子辛巴說：「有朝旭日升起時，你將成為新王。」小獅子對將來可以成為如父親般莊嚴勇猛的獅王，無比興奮，一步一腳印追隨獅王學習。得到授記，歡喜踴躍，同是佛子與小獅子的心情。

退大向小

譬如童子，幼稚無識，捨父逃逝，遠到他土。

《法華經．信解品》以「窮子」比喻小乘行者。故事中，走失的孩子，離開了尊貴豪富的父親，流浪異鄉，吃盡苦頭，失卻了高貴的志向，以打零工自滿。這是比喻只求自我解脫的小乘行者，在久遠劫前原來也曾發願廣度眾生，生生世世常隨佛陀一同行菩薩道；釋迦佛無量劫積功累德，三千大千世界處處都是世尊行菩薩道時的布施身命之地；可見菩薩道之難行，佛境界之難成，因此眾多追隨者紛紛退失大願，成為只求自度、安享寂滅之樂的小乘行者。

獅王的弟弟刀疤，奸惡狡詐，野心圖謀奪取王位。刀疤假意和小獅子辛巴示好，將辛巴誘至峽谷，暗中利用鬣狗群，追趕大批牛羚衝向峽谷，刀疤並趕緊通知獅王來救小獅子，獅王為保護辛巴而遭狂奔的牛羚群衝撞致死。刀疤告訴辛巴：「是你害死了大獅王，快逃吧，再也別回來了！」

小獅子逃離後，昏倒在曠野上，被疣豬澎澎和狐獴丁滿救起。自此之後，辛巴、丁滿、澎澎三位好友過著無憂無慮、日日以昆蟲大餐果腹的逍遙生活，直到小獅子長大遇見小時玩伴娜娜，辛巴與娜娜墜入愛河，娜娜告知王國被刀疤與鬣狗占領，民不聊生，要辛巴奪回王座，但辛巴拒絕回去，滿足於自我悠哉安逸的生活。辛巴的選擇，正也表現出退大向小的窮子心態！

迴小向大

父知子意漸已通泰，成就大志，自鄙先心。

「窮子喻」的窮子，後來回到父親身邊，心志逐漸通泰。

這正如佛典中提到，舍利弗前世曾因行菩薩道布施雙眼卻被嫌棄，所以退大向小，今生在《法華經．譬喻品》中，舍利弗在迴小向大後吐露心聲：「我處於山谷，或在林樹下，若坐若經行，常思惟是事，嗚呼深自責，云何而自欺？我等亦佛子，同入無漏法，不能於未來，演說無上道。」今生舍利弗曾一再思慮是否應該迴小向大，對於身為小乘常感悔恨自責不已，但仍無法克服只求自了的小乘心結，直到法華會上，經世尊示導，心地才豁然開朗。

影片中辛巴幼年時的心靈創傷，從未吐露，內心一直被陰影覆蓋，成長期間，時而仰望星空，回憶起大獅王曾講：「過去那些偉大的國王正在星空上看著我們。」此時的辛巴對於是否該去奪回王位，猶疑不定，內心格外掙扎痛苦。幸好大獅王的巫師彩面山魈及時出現，質問辛巴：「你是誰？」又十分善巧地透過暗黑狹小的林間隧道及水中反影，引領辛巴進入記憶深處，彷彿看見大獅王在雲端鼓勵他：「記住你是誰。」辛巴終於頓悟，揮別心魔，找回本心，不再逃避，決心效法獅王，勇於承擔，奪回王座，重振家園，表現出迴小向大的心境。

從地踴出

如是諸菩薩，神通大智力，四方地震裂，皆從中踊出。

《法華經．從地踊出品》裡，佛召喚菩薩大眾護持佛法，大千國土地皆震裂，無量菩薩同時踊出，這些菩薩們原先是安住在地下虛空中，「不樂在眾多有所說；常樂靜處，勤行精進」，乃至有「單己無眷屬，樂於獨處者」。地踊菩薩們原先好靜，現在發願走出地下虛空，於十方世界廣弘佛法。

影片中，鬣狗橫行，狐獴族群因而住在地下洞窟中，不敢出來，但丁滿一直想遊歷天涯，後來終於離家遠行，與澎澎、辛巴結為好友，為了幫助辛巴奪回王位，丁滿家族在地下挖大洞，讓鬣狗困進洞中，辛巴得以重掌王座，狐獴族群也從地底踊出，住在美麗森林中。疣豬澎澎原是獨行俠，也和大眾打成一片，無比歡喜。

「從地踊出」代表心花開放，走出地底虛空，埋葬恐懼，勇敢無畏，迎向世界，擁抱眾生，狐獴族群與獨行俠澎澎，亦是如此。

地水火風演妙法

狐狼野干，咀嚼踐蹋，齚齧死屍、骨肉狼藉。由是群狗，競來搏撮，飢羸慞惶，處處求食。鬪諍齟掣，嘊喍嘷吠，其舍恐怖，變狀如是。……欻然火起，四面一時，其炎俱熾，棟梁椽柱，爆聲震裂。

《法華經．譬喻品》中「火宅」的場景，在《獅子王》中也可看到，刀疤與鬣狗占領榮耀王國後，掠食無度，屍骨遍野，大地乾裂，草木枯槁，而當獅子們與鬣狗群瘋狂廝殺之際，忽然風雲變色、雷電閃耀、火光四起，正是「火宅」的翻版。

《法華經．藥草喻品》：「雨之所潤，無不豐足，乾地普洽，藥木並茂。」佛法猶如甘露雨，普潤草木，萬物都是「一地所生」、「一雨所潤」，欣欣向榮。辛巴贏回王座後，以正法治理王國，天降甘霖，草木繁盛，舉國歡騰。

風調雨順或大旱枯槁，正是以正法治國與暴虐無度的唯識變現。「一地所生」正指萬法都是心地所生，「一雨普潤」則指萬物在慈心下才得以潤澤成長。

《法華經》中的歡喜信受、退大向小、迴小向大、從地踊出、地水火風等意象，對照《獅子王》解讀，誠如天台宗智者大師在《法華經玄義》所說：「一色一香，無非中道。」萬物皆演妙法。

人間菩薩行

——肯定女性成就《首席指揮家》

是大乘經，名妙法蓮華，
教菩薩法，佛所護念。

《法華經》以「蓮花」譬喻菩薩，微妙香潔的蓮花不離汙泥，代表菩薩不離開汙濁的眾生、不離苦難的世間，菩薩依教奉行、憐念蒼生，必為諸佛之所護念。

《首席指揮家》（*The Conductor*）是二〇一九年荷蘭導演瑪利亞・彼得

斯（Maria Peters）執導的音樂勵志電影，叫好又叫座，本片改編自安東尼婭．布麗可（Antonia Brico）的真人真事，敘述在古典交響樂唯有男指揮家的一九二〇年代，安東尼婭打破陳規陋習，躋身樂團指揮家。

菩薩在人間廣行菩薩道，但究竟誰是菩薩？你我身旁可有菩薩？讓我們從《法華經》中的菩薩案例，來看電影《首席指揮家》，領悟人間的菩薩行。

伎樂供養的妙音

所經諸國六種震動，皆悉雨於七寶蓮華，百千天樂不鼓自鳴。

《法華經．妙音菩薩品》的妙音菩薩所經之處，大地震動、天雨妙花、天樂自鳴。

如此美妙的境界以何因緣而有？原來妙音菩薩往昔在雲雷音王佛座下，

曾供養十萬種伎樂與八萬四千個七寶缽，長達一萬兩千年；累劫以來也經常供養諸佛，學習到諸佛的智慧，並累積無量供養如來的無上福德。

在〈藥王菩薩本事品〉中，具體描寫出道場莊嚴的供養景象：「寶瓶香爐周遍國界，七寶為臺，一樹一臺。……諸寶臺上，各有百億諸天作天使樂，歌歎於佛，以為供養。」妙音菩薩因以此等娛樂資具作廣大供養，所以感得身相「第一端正，百千萬福，光明殊妙」。

在影片的古典交響樂的演奏會上，聽眾眼觀安東尼婭指尖盡情揮舞，耳聞樂團演奏妙音，心花開放、震撼感動，讓人彷彿感受到了地動、雨花、天樂、曼妙風采的意象，以美妙莊嚴的伎樂供養大眾，正是人間的妙音行者。

擇善固執的常不輕

時諸四眾，計著於法。不輕菩薩，往到其所，而語之言：「我不輕汝，汝等行道，皆當作佛。」諸人聞已，輕毀罵詈；不輕菩薩，能忍受之。

〈常不輕菩薩品〉的常不輕菩薩了悟在眾生的身心、煩惱之中，其實都具有佛性，未來皆當作佛，於是他逢見信佛者便拜，且道：「我不敢輕於汝等，汝等皆當作佛。」但常不輕常遭眾人辱罵，乃至被杖木、瓦石打擲，而他從不生瞋恚，一向勇往直前，後來常不輕菩薩獲得大成就，具大威神力，大眾紛紛拜他為師，備加崇敬。

安東尼婭為熱愛音樂而生，她看到了自己的才性，堅持男女平等，嚮往成為指揮家，為圓夢而努力不懈：躲進男廁練習指揮、大膽獨坐舞台前方、積極拜師學藝、考讀音樂學院、爭取女性指揮權、成立女性樂團，一路走來遭受世俗的輕視眼光與困境嘲弄，但她為求理想全心投入、義無反顧、勇敢無畏。當她證明自己、名望有成之後，眾人紛紛回歸捧場，她成為了令人尊敬、成就最高的女性指揮家。擇善固執、獨行無畏、百煉成鋼，正是常不輕菩薩忍辱精進的精神。

發揮天分的小龍女

汝謂不久得無上道，是事難信，所以者何？女身垢穢，非是法器！

〈提婆達多品〉中，大智文殊菩薩說，天資卓越的八歲小龍女可以速得成佛，大眾懷疑不信，尤其在有「智慧第一」之稱的長老舍利弗特別指出：身為女子，不得作梵天王、帝釋天、魔王、轉輪聖王、佛身，女身非是法器！但此刻小龍女在轉瞬之間就轉成佛身，令大眾心服口服、啞口無言。

冷嘲熱諷蜂擁而至，安東尼婭為何始終不曾放棄？因為她從小就有過人的音樂天分，深知自己一定能勝任樂團指揮，卻只因她是女人，所以才遭到非理排斥。安東尼婭認定事在人為，堅持女人也能擔任指揮，並創辦史上第一個女性交響樂團。

安東尼婭同小龍女一樣現身說法，轉化不可能成為可能，當下破除大眾對女性根深柢固的成見。

寬恕惡人提婆達多

情存妙法故，身心無懈惓，普為諸眾生，勤求於大法。

在〈提婆達多品〉裡，佛陀前世曾向提婆達多前身勤求《法華經》，今生佛陀成就，提婆成為佛弟子，但提婆卻詆毀、暗殺、背叛佛陀，罪大惡極，不過，佛陀依然感念提婆前世對他的教導，以致今生能順利成佛，因此佛陀也為提婆授記：「提婆達多卻後過無量劫，當得成佛，號曰：天王如來。」

安東尼婭曾拜師學琴，但這位老師垂涎她的美色，後因騷擾不成而惱羞成怒，造謠陷害她。在安東尼婭成名之後，這名狼師仍到處詆毀她，兩人最終在電台訪問時相遇，安東尼婭卻對他說：「你認為女人位居底層，事實上，這也讓我意識到要努力往上爬，我得感謝你，真的！」因此化解了兩人的怨結。唯有情存妙法，才能心存感激與寬恕，才能身心無倦地持續勤求大法，不被黑暗障礙，善用逆增上緣，轉煩惱為菩提。

施無畏的觀世音

是觀音菩薩摩訶薩，於怖畏急難之中，能施無畏！

〈觀世音菩薩普門品〉中，大慈大悲的觀世音菩薩，觀聽世間的苦難之聲，救苦救難，所以又號之為「施無畏者」。生活之中，我們常常需要別人的幫助，特別是在怖畏急難之時。樂於助人、雪中送炭，就是慈悲喜捨的觀音行。

安東尼婭能夠功成名就，也是大力仰賴貴人相助。當面臨失業、琴藝生澀、被逐出家門、無人理會、缺錢就學、遭輿論攻擊、喪失希望、演奏會無人、租不起場地、發不出樂團薪資等各種人生困境，安東尼婭依然勇敢向前，真心追求理想，自助而後天助，感召到志同道合的夥伴真情相挺，「於怖畏急難之中，能施無畏」，正是人間觀音行。

從《法華經》的菩薩案例，看到《首席指揮家》中的人間菩薩身影，包含了「伎樂供養的妙音」、「擇善固執的常不輕」、「寬恕惡人提婆達多」、「發揮天分的小龍女」、「施無畏的觀世音」，菩薩不離世間，但究竟誰是菩薩，端看你我如何體會！

《法華經・普門品》的自性具足萬法

——善惡一念的《黑魔女》

觀世音淨聖，於苦惱死厄，
能為作依怙，具一切功德。

《法華經・觀世音菩薩普門品》宣講大悲觀世音菩薩救苦救難的神通功德，天台宗（又稱法華宗）的智者大師以「性具」（自性具足萬法）詮釋觀音菩薩的化現感通，因為自己的本性中具足一切萬法，所以才能變現萬法出來，也才可能和萬物沒有隔閡地相互感通。正如千手觀音具備一切法寶，有感有應，隨處化現。

一九五九年，迪士尼上映著名的動畫電影《睡美人》（*Sleeping Beauty*）；二〇一四年，則顛覆傳統，以劇中大反派梅菲瑟為主角的真人版電影《黑魔女：沉睡魔咒》（*Maleficent*，以下簡稱《黑魔女1》），以及二〇一九年的《黑魔女2》（*Maleficent: Mistress of Evil*）兩片，重新演繹了《睡美人》的童話故事。

《黑魔女》片中彰顯人性的善惡，以及人文與自然的戰爭與和平，正可呼應天台宗在人性論上的「性具善惡」、存有論上的「性具萬法」之說。

人性的善惡鬥爭與昇華

諍訟經官處，怖畏軍陣中，念彼觀音力，眾怨悉退散。
妙音觀世音，梵音海潮音，勝彼世間音，是故須常念。

〈普門品〉開示我們如何從世間的善惡鬥爭與恐懼怨毒中獲得清涼解脫，這要從觀世音菩薩的智慧妙音、清淨梵音、廣大慈悲的海潮音中，對比染濁吵雜的世間音去如實觀察、思惟抉擇。

在《黑魔女1》中，梅菲瑟原本是純真美善的精靈仙子，擁有強大的神力，常張開雙翼凌空高飛、遨遊精靈森林。這象徵眾生純真無染、自由自在的「天真童心」。

但在梅菲瑟十六歲時，慘遭人類男友下藥迷昏後割走雙翅而性情大變，黑化成為冷漠傲嬌的黑魔女。這表示我們在充滿貪婪的社會染缸之中成長，因被欺騙、受傷害，而引發恐懼、悲傷、痛苦、冷漠、報復的「黑暗之心」。不過，若從「萬法唯心」或者「自我夢境」、「自性眾生」的角度看，壞男友也只是自己向外追求功成名就的「名利心」所化現，為了名韁利鎖不惜犧牲自己的純真自由，心為物役。

壞男友因取得梅菲瑟的雙翼而當上國王，梅菲瑟詛咒國王的小公主於十六歲時，會因觸碰紡織機的針尖而永遠沉睡，除非真愛之吻才能喚醒公主，因為梅菲瑟不相信真愛存在。其實，這個詛咒反映出了梅菲瑟失去了真愛，是她自己內心的真愛沉睡了，她需要真愛來融化自己冰冷的「寒心」。總著一席「黑」服的梅菲瑟救了一隻「黑」烏鴉，不時將牠變化成人，這鳥人平易近人、忠誠可靠，正是梅菲瑟需要的心靈夥伴——「溫暖的心」。

梅菲瑟暗中注視著可愛的小公主，小公主成長的同時，梅菲瑟的愛心又在滋長萌芽。後來梅菲瑟和公主形同母女，但她無法破除自己所立下的詛咒，只能期待鄰國王子對公主的愛能破除魔咒。公主昏睡不醒後，王子親吻公主，但卻無用，梅菲瑟傷心之餘，不經意地親吻了公主的額頭，公主竟然醒了，梅菲瑟終於找回自己失去已久的「真愛之心」。

之後，梅菲瑟在公主的幫助下找回翅膀，高飛雲霄。這表示梅菲瑟經歷內心黑暗面的禁錮之後，又找回了失落的真愛，重獲自由。梅菲瑟原諒了壞國王，國王卻反撲殺害梅菲瑟，但不慎墜樓摔死自己，這表示自己內在的世俗名利之心的嚴重墮落與徹底消逝，大死大生。之後，梅菲瑟與公主重返精靈森林，過著快樂逍遙的自在生活。

念彼觀音力的轉化

觀音妙智力，能救世間苦，具足神通力，廣修智方便。

〈普門品〉經常出現「念彼觀音力」的句子，就外在說，這是要人憶念觀音菩薩的神力，祈求救助；就內在說，這是我們自己學習「觀音妙智力」，自心油然生起「慈悲喜捨的覺念」，轉化自己的「惡念」，此是「自性自度」。

如〈普門品〉說：「咒詛諸毒藥，所欲害身者，念彼觀音力，還著於本人。」就外在說，如同梅菲瑟詛咒天真可愛的小公主，咒力反而傷害自己，因果自作自受。就內在說，當自己起了咒詛的惡心，其實就是自我傷害，但自己後來又生起慈悲喜捨的覺心，心便獲得救贖。

再如：「或在須彌峰，為人所推墮，念彼觀音力，如日虛空住。」就外在說，這是梅菲瑟被渣男剪去雙翅，不能高飛，推墮深淵，但梅菲瑟在善良公主的幫助下又重獲雙翼，自在翱翔，如日處虛空。就內在說，這是自己起了競逐權力高位的野心，不擇手段的墮落，是自己推墮自己，但後來自己迴光返照生起慈悲喜捨的覺心，點亮心燈，暗黑的心便當下消失。

人性內在具足善惡的潛能，遇境逢緣，可善可惡，每個念頭都是「自性眾生」，我們能否觀聽內在音聲，是名利心、寒心、黑暗之心，還是童心、溫情、愛心，進而「自性自度」，時時憶念自己內在的功德力，喚起慈悲喜捨的覺悟之心，這才是真正的「念彼觀音力」——觀音轉念法門。

征服自然與萬物和諧

真觀清淨觀，廣大智慧觀，悲觀及慈觀，常願常瞻仰。
無垢清淨光，慧日破諸闇，能伏災風火，普明照世間。

〈普門品〉中展現智悲真善的人文精神與大自然互相感通的和諧境界。

《黑魔女1》主要在呈顯人性善惡面，《黑魔女2》則擴大凸顯人文與自然的衝突與和諧。

梅菲瑟讓人類公主成為精靈森林的女王，而鄰國王子與公主有情人終成眷屬，在在表徵自然與人文的和諧。

但王子的母后為了兄長死在精靈王國，策畫復仇要消滅精靈世界，並不惜讓主張和平的國王沉睡不醒，同時大量製造梅菲瑟畏懼的鐵武器，伺機殺害梅菲瑟與眾精靈。這代表人恐懼自然，堅決征服自然，人定勝天的重工業思維與行動。

梅菲瑟的族人黑仙族突然現身，原來黑仙族早被人類逼到躲在地下洞窟生活，黑仙族與人類同樣有主和派與主戰派，但在人族王后的逼迫下，主戰派終於反撲人類，捍衛自然，人類與精靈的史詩級大戰激烈展開，兩敗俱傷。

人文與自然本都是眾生自性中具足的諸法，人文失去自然將流於矯情虛偽，如身穿華麗白袍的王后心中卻住著惡魔；而自然失去人文將成為蠻夷之邦，如公主說：「魔法森林一團混亂，眾多精靈找我申訴。」

梅菲瑟為救公主而被王后殺害，但梅菲瑟在公主的淚水中羽化，蛻變成為碩大的黑鳳凰，浴火重生；黑鳳凰奮不顧身自高塔俯衝救回墜落的公主。王后壞事做盡，也曾經譏諷梅菲瑟頭上長的犄角，但梅菲瑟不殺王后，暫且讓她變成一頭白山羊（在西方文化中山羊有惡魔的象徵意義），體驗成為犄角動物的感受。

最後，沉睡的國王終於清醒，與梅菲瑟共同主持王子與公主的婚禮，會場繁花怒放，人類王國與精靈王國終能和諧相處。

人文世界中本有自然，自然世界中也本有人文點綴，《黑魔女2》淋漓盡致地演繹人文與自然的衝突到萬物和諧，原來「性具萬法」，不可抹殺任一存在，善用萬法則法法皆有其存在的意義，天台宗說「佛斷修惡，不斷性惡」、「除病不除法」，唯有如此才能圓滿彰顯法法的存在價值，就如善用黑色，黑也就是一種美麗、神祕、穩重、堅實的神聖力量——黑鳳凰，這正是黑魔女心中住著的天使！

自性具足善惡萬法，觀音轉念法門教導我們從黑暗中看見光明，從光明中照朗萬有，體悟與善用萬法的存在，自性自度、度人度世，成就「具一切功德，慈眼視眾生，福聚海無量」的圓滿境界。

肆

華嚴境界

看見華嚴十玄門

——穿越多重平行宇宙《蜘蛛人：新宇宙》

譬如有大經卷，量等三千大千世界，書寫三千大千世界中事，一切皆盡。……此大經卷雖復量等大千世界，而全住在一微塵中；如一微塵，一切微塵皆亦如是。

《華嚴經．如來出現品》指出，一一微塵中，都包攝全體宇宙的訊息，這是佛眼所見的事物存在狀態。

「華嚴十玄門」正在於闡釋《華嚴經》佛境界的意涵，佛境界是佛體驗到的真理狀態，是法界事事無礙、圓融自在的境界，每一個存在都與一切存在融通，正如大海中的一個波動連通於一切水波。十玄門是以「十」表無盡，古新十玄門合起來共計從十二個角度暢談佛境界，其實真理無處不在，每個存在事物上都具足十玄，十玄亦門門相通。

《蜘蛛人：新宇宙》（*Spider-Man: Into the Spider-Verse*），於二〇一八年上映，是蜘蛛人系列電影中的巔峰之作，勇奪第七十六屆金球獎最佳動畫片。蜘蛛人是被變種蜘蛛嚙咬之後，產生蜘蛛性超能力的人，本片中同時出現六位蜘蛛人，分別來自不同的「平行宇宙」，集結各式蜘蛛人對抗邪惡勢力，多彩多姿，令人耳目一新。

「平行宇宙」是一種科學假說，無限的宇宙時空充滿類似的人、事、物，不但我存在於此，相似的我也存在於無數的平行宇宙中，同中有異的無限可能性，提供自我人生不同路徑的想像，成為了科幻作品中的討喜題材。

本片相當有十玄門的味道，也透露出當代科學觀逐漸貼近佛學的一面。下文綜合古新十玄門詮釋影片：

因陀羅網境界門

此門是就譬喻來說，因陀羅網是天帝宮殿的寶網，網絡繫結眾多明珠，「若兩鏡互照，傳曜相寫，遞出無窮」，在一珠中得見眾珠之影，影中又現眾影，重重影現，無盡復無盡。雨後蛛網上的粒粒水珠，恰似因陀羅網，在網絡之中牽一髮而動全身，萬物息息相關。

片中蛛網圖案串連起無數的平行時空，充分表現出網絡式的宇宙觀，蜘蛛人不僅存在於此世界，並同時存在於無限多的平行時空中，蜘蛛人彼此之間具有感知能力，你中有我，我中有你，身心影現重重，正顯現出因陀羅網境界的意象。

廣狹自在無礙門

此門是就空間來說，大能入小，小能容大，「如徑尺之鏡，見千里之影」。

片中當平行時空打開時，無限多重的廣狹世界互通無礙。再者，眾蜘蛛人藉由蛛絲自由擺盪於城市高樓與原野樹林之間，同樣流暢自在地串連各式空間。

十世隔法異成門

此門是就時間來說，十世是指：過去、現在、未來三世互通而成九世，一念具足九世，即成十世，這在表達：一念就能圓觀一切時間的前後相隔卻又相成的交互關係，「如一夕之夢，翱翔百年」。

過去、未來的眾蜘蛛人同時出現於現在，時空匯合在一起，全在於一念感通，相遇遨遊於異界時空。

一多相容不同門

此門是就理則來說，一多互入，彼此相容，卻又不失一多的個別不同現象，「若一室千燈，光光涉入」。

本片有六位不同時空、身分的蜘蛛人登場，在蜘蛛人的漫畫中更鋪陳出高達幾十位蜘蛛人的故事，雖然同樣是蜘蛛人，卻又不失個別性，理一事殊，創意無限。

微細相容安立門

此門是就事相來說，小空間也能容納無量事物，不相妨礙，炳然同時齊頭顯現，「如琉璃瓶，盛多芥子」。

在蜘蛛人的祕密基地中，陳列幾十套蜘蛛裝，正是平行時空眾蜘蛛人的存在縮影，炳然齊現，一次看足。

主伴圓明具德門

此門是就主從來說，理不孤起，有主有伴，「如北辰所居，眾星同拱」。

任一蜘蛛人都是自己世界中的主角，但當去其他世界時，就成配角，人要扮演好自己人生的主角，也要樂於做好別人生活中的配角。

祕密隱顯俱成門

此門是就緣起來說，諸法都同時存有祕密的相對面，互為隱顯，「如片月澄空，晦明相並」。顯現弦月之時，隱晦的半月同時存在。

蜘蛛裝顯現蜘蛛人的超級英雄形象，卻隱蔽了自己的本來面貌，當褪下蜘蛛裝，便顯現平常生活樣貌，乃至內心的恐懼、失落、黑暗面油然浮現，顯現與隱蔽同時存在，一體兩面，但旁人卻只知其一，一旦打開祕密，常有一番驚心動魄。

「考零分的背後」、「殺手艾倫叔叔」都是如此。蜘蛛人彼得的祕密身分至死才被揭開，看似普通人的面具底下，有可能是隱藏的大俠客，大人物的內心卻可能住著惡魔。當新蜘蛛人邁爾斯忽然能聽見眾人的內在心聲之時，更緊要的是好好觀照自己的真實存在，不被群眾的喜惡所迷惑。

唯心迴轉善成門

此門是就唯心來說，如水即波、波即水，萬法唯心所現，若善、若惡，乃隨心轉化。

《蜘蛛人》漫畫中，描繪幾十位蜘蛛人，有善有惡，能力不等於心性，善惡隨心迴轉。老蜘蛛人教授新蜘蛛人絕招，直到生死關頭新蜘蛛人才練就長久無法做到的蛻變，唯有激發潛能、提升心力，才能創造非凡成就。

諸法相即自在門

此門是從體發用，如「初發心菩薩，一念之功德，深廣無邊際」。班叔臨終前說：「能力愈大，責任愈大。」啟發蜘蛛人彼得一生行俠仗義，薪火相傳，慎始全終。

諸藏純雜具德門

此門是就修行來說，圓融的菩薩行是一門深入（純）就具足一切行（雜），純雜互藏。

新蜘蛛人問老蜘蛛人：「怎麼才知道自己準備好了？」「你不會知道，這是種信念，就這麼簡單。」《華嚴經．賢首品》說：「信為道元功德母，長養一切諸善法。」信念深刻才能領會堂奧，缺乏真實信念，自不能知。蜘蛛人的修練也是如此，打開信念的當下就具足勇氣、感知、力量、敏捷，才有辦法克服從高樓墜下的恐懼，飛躍自如，生死無懼。

託事顯法生解門

此門是就智解來說，寄託在事物上助顯法義，如以「寶」顯貴、以「雲」顯覆潤，但因佛境界是「一即一切」，所以隨舉一事其實都攝法無盡，「如立像豎臂，觸目皆道」。

片中「願景空橋」象徵遠方的願景，「逃離期望」的塗鴉作品，則顯示要逃離期望所造成的壓力與不自由。六位身分不同的蜘蛛人，涵蓋男女老幼、黑白黃人，乃至可愛的蜘豬人，表示不論身分，眾生都能成為蜘蛛人，眾生平等，觸目皆道，隨處都能開發無限的可能。

同時具足相應門

此門是就總體來說，萬法圓融無礙，一切同時存在，「如大海一滴，含百川之味」。

片中強調「誰都能成為面具後的那個人」、「蜘蛛裝到最後，總會合身的」、「我們以自己的方式，扮演蜘蛛人」，每位眾生潛在的善性與能力，都可開發出來。這也正是《華嚴經．如來出現品》中說：「無一眾生而不具有如來智慧。」打開智慧，拈花微笑，心心相印，自能如佛通向一切境界，自在遨遊法界。

明朝道開禪師說：「道人做事，當似蜘蛛，打了一片大網，身卻在外，進退自由。」正是蜘蛛人的極佳寫照。

十度性格的菩薩種性

——泥濘中綻放蓮花《刺激1995》

所有善根，為求佛智，施與眾生，是名：檀那波羅蜜；能滅一切諸煩惱熱，是名：尸羅波羅蜜；慈悲為首，不損眾生，是名：羼提波羅蜜；求勝善法，無有厭足，是名：毘梨耶波羅蜜；一切智道常現在前，未嘗散亂，是名：禪那波羅蜜；能忍諸法無生無滅，是名：般若波羅蜜；能出生無量智，是名：方便波羅蜜；能求上上勝智，是名：願波羅蜜；一切異論及諸魔眾無能沮壞，是名：力波羅蜜；如實了知一切法，是名：智波羅蜜。

眾生終能成佛，不論現在信不信佛，若從性格上來說，具有相似於菩薩的「六度」品格，就可稱其已表現出「菩薩種性（潛能）」。在「六度（波羅蜜）」——布施（檀那）、持戒（尸羅）、忍辱（羼提）、精進（毘梨耶）、禪定、般若——之後，《華嚴經．十地品》從「般若真空」再開出四種德能：方便、願、力、智，合稱「十度」。

《刺激 1995》（*The Shawshank Redemption*），是一九九四年法蘭克．戴倫邦特（Frank Darabont）執導上映的美國電影，改編自暢銷作家史蒂芬．金（Stephen King）的《麗塔海華絲與蕭山克監獄的救贖》（*Rita Hayworth and Shawshank Redemption*）。劇中演出冤案入獄的銀行家安迪，在蕭山克監獄的生活遭遇與越獄過程，表現希望、自由、反體制化的情境，深獲好評，在網際電影資料庫（IMDb）的影迷評選中，常高居第一名或第二名。

本片的序幕是，安迪的妻子在教練家外遇尋歡，安迪在屋外獨自飲酒、手持槍械，痛心之餘返家昏睡。在此之時，恰巧有竊盜侵入教練家，開槍擊斃安迪的妻子與教練，種種的巧合讓安迪蒙受冤獄。

以佛法來看這段序曲，殺、盜、淫、妄、酒，五戒全犯，劇中人因而墮落生死；酒醉昏睡而入獄，亦如以無明為因，而令眾生陷入「三界牢獄」，無法出離輪迴的命運掌控。不過，男主角安迪是具有菩薩性格、與眾不同之人，且看安迪如何發揮智慧，反轉命運。

布施真喜樂

多喜多愛樂，亦復多淨信，極大勇猛心，及以慶躍心。

初地「歡喜地」菩薩的布施度圓滿，無比喜樂。

安迪無意間聽到獄警隊長海利煩惱報稅的問題，當下冒著生命危險主動找上凶惡的海利洽談，願意幫忙節稅，只要求給自己的好友們幾罐啤酒，其實安迪自己早已戒酒；在廠房的天台上，安迪在牆邊席地而坐，靜靜地看著、享受著獄友們的開懷暢飲，好似大家都恢復了自由之身。

又一次，在典獄長的辦公室，安迪趁四下無人而鎖起門來，竟向整個監獄公開播放宛如天籟的歌曲，大眾驚異地聆聽美妙的樂聲，心靈隨著音樂飛翔，當下彷彿得到了救贖；之後，獄警衝進辦公室，安迪正坐在典獄長的座位上伸長雙腿聆聽音樂。安迪將自己所嚮往的自由喜樂，分享給大家，以慈悲喜捨之心布施，而將身心性命安住於自由自在的法樂，不顧自身安危，勇敢無懼。

持戒嚴守身

住此成就戒功德，遠離殺生不惱害，
亦離偷盜及邪婬，妄惡乖離無義語。

二地「離垢地」菩薩的持戒度圓滿，身、口、意清淨無暇。安迪長相斯文，一到獄中就被獄友「三惡霸」看中，屢屢遭受暴力性侵，安迪始終奮力相抗，寧死不屈，直到有次被嚴重打傷住院後，獄方才處置了「三惡霸」。

另，安迪在酒醉誤事入獄之後便決然戒酒，在在表現出不凡的節操。

安忍成功業

三毒熾然常困乏，住諸有獄恆受苦，
煩惱纏覆盲無目，志樂下劣喪法寶，
隨順生死怖涅槃，我應救彼勤精進，
將求智慧益眾生，思何方便令解脫？

凡夫貪、瞋、癡三毒熾盛，被困於生死輪迴的監獄中，無法脫離。三地「發光地」菩薩忍辱度圓滿，常思當如何讓顛倒眾生信受法寶、增進智慧，才能超諸有獄。

安迪被分派管理圖書，開始寫信給州議會，希望獲得圖書經費，大夥都認為不可能！但安迪每週堅持寫一封信，持續六年後，終於得到回覆，寄來少許金錢與許多舊書，並囑咐安迪不要再寄信；但安迪反倒更積極地改成每星期都寄兩封信，後來終於得到州政府撥下經費、大力支持建設監獄圖書館。

安迪逃離監獄的最後一段路，是長達五百碼的狹長汙水管，他必須在骯髒與惡臭中奮力爬行，最終才能迎向自由，重獲新生。

精進日日新

菩薩住此具功德，以智方便修行道，
不為眾魔心退轉，譬如妙寶無能壞。

四地「焰慧地」菩薩的精進度圓滿，心志堅如磐石妙寶，具足智方便，故能不退轉。

安迪買通老囚犯瑞德，說想雕刻石頭，要了個小鎚子。瑞德曾認為要六百年才能用小鎚子挖通石牆，沒人想到安迪真要挖牆。安迪每晚都在偷偷挖牆，日日皆有新進展，只費不到二十年便挖通了硬牆。安迪說：「人生或是忙著活，或是忙著死，端看自己的抉擇！」

禪定心安住

譬如星宿在虛空，風力所持無損動，
亦如蓮華不著水，如是大士行於世。

五地「難勝地」菩薩的禪定度圓滿，內心如明星高掛不為風動、如出水清蓮不著汙泥。

安迪冷靜寡言，他在監獄放風的操場裡悠閒散步，宛如在公園一般，一舉一動散發出非凡氣質。安迪在向全獄播放音樂後，被處罰在狹小幽暗的禁閉室中關了兩週，解禁後安迪說：「這是我最美好的時光，音樂一直存留心中，誰也搶不走心中的希望。」老囚犯瑞德則說：「希望是危險的！」瑞德不明白安迪活在當下的法樂。

安迪不配合典獄長洗錢作假帳，被關禁閉一個月後，安迪仍不屈服。兩個月後，典獄長說要廢除安迪一手建立的圖書館，焚毀書籍，安迪才同意繼續替典獄長作帳。

獨自關禁閉，對一般囚犯來說，是最大的懲罰，無法面對自心，但安迪的心卻能安然自適。

般若不著相

觀諸因緣實義空，不壞假名和合用，
無作無受無思念，諸行如雲遍興起。

六地「現前地」菩薩的般若度圓滿，觀一切現象實是緣起性空，真空、無執而現起種種妙用。

常人著相，見到監獄便著監獄相，見到堅硬的石牆便著堅固相，但安迪將「心靈自由」帶進監獄，改變監獄文化，從偶發的行動到建設監獄圖書館，最後讓大家在圖書館中能夠聽音樂、讀書刊、喝飲料，倘若仿照《金剛經》的句型即是「所謂監獄，即非監獄，是名監獄」。

同樣，安迪發現「石牆非石牆，是名石牆」，石牆並不像表面般的堅固。安迪用漂亮的女星海報，遮掩挖出的大洞，大家都被女星海報與堅硬石牆的假相所蒙蔽，其實「海報亦非海報，是名海報」。

至於碎裂的石塊粉末，安迪則利用放風時間從褲管漏出沙石，誠如《金剛經》所言：「諸微塵，如來說非微塵，是名微塵。如來說世界，非世界，是名世界。」一切都是假相，能夠藉假修真，就具般若慧根。

方便願力智

菩薩住此法雲地，具足念力持佛法，
譬如大海受龍雨，此地受法亦復然。

第十地「法雲地」菩薩圓滿十度，說法如大法雲庇蔭眾生，納受如來法雨則如大海悉能承接。

在善巧方便上，安迪為典獄長及所有獄警報稅、理財，贏得獄方信賴與倚重；在行願上，安迪打造出全美最舒適的監獄圖書館；在教化力上，安迪教導年輕獄囚獲取同等學歷，鼓勵同伴不看輕自己、常保心靈自由。在智慧上，安迪以智取逃脫監獄，獲得真正的自由，倘佯於碧海藍天之濱，當地人慣稱為「沒有記憶的溫暖地方」。空雲、大海正是佛家常用來形容活在當下、優游自在的解脫境界，安迪在此駕船招攬遊客，自娛娛人，自度度人。

安迪從邊境寄了一封空白的明信片給假釋犯瑞德，讓不適應社會的老瑞德不致重蹈前人的自殺之路，而能尋找到安迪，相擁同遊大海。另安迪又將典獄長貪汙的證據寄給報社，揭發監獄慘無人道的違法亂紀，還給了監獄合理的管控與教化。安迪的種種作為，在獄友之間，津津樂道，成為了傳奇人物。

《刺激 1995》上映當時，並未獲得任何電影大獎，後來卻能成為眾多影迷心目中第一名的經典電影，何以能夠如此？安迪堅持自由、希望，不被體制化，不畏強權，表現出菩薩種性的品格，正如泥濘中綻放的蓮花，在汙濁的現實中實現芬芳的理想，做出許許多多人內心嚮往卻又不敢付諸實踐的事——人生究竟是忙著死？還是忙著活？

「六相圓融」與「二十五圓通」法門

——神通家族《魔法滿屋》

法界所有悉能入，隨所入處咸究竟，
神通自在靡不該，彼法光明行此道。

《華嚴經．十行品》功德林菩薩開示，菩薩依據佛法的智慧光明修行，從法界所有入處悉能通向究竟，而具足一切神通自在。這巧妙會合了《楞嚴經》「門門圓通」的修證與《華嚴經》「圓融自在」的佛境。

《魔法滿屋》（*Encanto*）是二〇二一年拜倫．霍華德（Byron Howard）

和傑瑞．布希（Jared Bush）共同執導的迪士尼奇幻歌舞動畫電影，以南美洲哥倫比亞山區小鎮的拉丁裔魔法家庭為故事背景，劇情表現家庭中每個成員的個人特質，與如何消弭隔閡而能互愛和樂，是部非常適合闔家觀賞的感人喜劇。

馬瑞加家族住在魔法屋中，家庭成員大多各自擁有一項獨特的天賦魔法，但在魔法中卻容易迷失自己，如何找回自己的本來面目？且讓我們從《華嚴經》「六相圓融」與《楞嚴經》「二十五圓通」的角度，解讀這部具有禪意與溫暖的電影。

六相圓融與家庭和樂

願一切菩薩行廣大無量，不壞不雜，攝諸波羅蜜，淨治諸地，總相、別相、同相、異相、成相、壞相，所有菩薩行皆如實說，教化一切，令其受行，心得增長；廣大如法界，究竟如虛空，盡未來際一切劫數無有休息。

《華嚴經．十地品》中，證悟空性的「歡喜地菩薩」發願，以「總、別、同、異、成、壞」等六種現象來說法，彰顯諸法的圓融自在。

若以家庭為例，家庭是總體，成員是個別存在，個體都同具家族性，卻又有各自差異的特質，共同成就家庭的美好；若不如此，唯只各住自相，家庭則散壞，家人就不像家人了。《魔法滿屋》表現出六相和合的理念。

主角米拉貝兒是位長相普通的少女，擁有陽光燦爛的開朗性格，但卻是家族血統中唯一沒有魔力的子孫輩，總被嚴厲的外祖母與完美的大姊所嫌棄，內心不免潛存自卑感，渴望奇蹟降臨自身，但對外總是笑臉迎人。

外祖母博特羅要求每一位擁有魔法的家庭成員，發揮魔法造福社區，就如二姊路易莎力大無窮，經常服務鄉里，社區大眾對她的期待愈來愈高，路易莎的身心負擔也愈來愈重，只有米拉貝兒能體諒她也有軟弱需要安慰的情緒。

神祕失蹤的二舅布魯諾，成為家族絕口不提的禁忌話題，因為布魯諾擁有預言能力，常看到未來有壞事發生，久而久之布魯諾就成為了厄運的表徵，因此布魯諾躲避進入魔法屋的夾層中，和老鼠一起生活，透過牆壁的空隙觀看家人，藉此獲得一點點家庭溫暖。

一天，神奇的魔法屋出現裂痕，主角米拉貝兒發現二舅布魯諾竟然躲在夾層中生活，二舅告訴米拉貝兒，他早就預見魔法屋將會崩裂，且米拉貝兒與魔法屋的毀壞息息相關，他是為了保護米拉貝兒，所以自己才消失躲藏起來。二舅又預見，米拉貝兒若能和大姊伊莎貝拉互相擁抱，魔法屋的裂痕就能平復。

猶如花仙子般美麗的大姊伊莎貝拉，可隨心所欲變出各種花朵，她的完美性格也表現在美觀對稱的花園設計之中。之前伊莎貝拉為了家族利益而答應訂親，但在訂婚之時魔法屋卻突然出現裂痕，眾人皆以為是米拉貝兒的緣故，這也導致訂親告吹，同時遽增了姊妹之間的裂痕。

米拉貝兒和大姊一連串交心之後，伊莎貝拉忽然能變現出不對稱卻美麗的仙人掌，打破了伊莎貝拉向來事事求完美對稱的潔癖，姊妹倆正在高興之時，外祖母卻進來喝叱米拉貝兒，米拉貝兒展開反擊，說出魔法屋裂解的真正原因其實就是外祖母，因為外祖母過分注重魔法，不能體諒家人的真實心情。就在爭吵之時，魔法屋徹底土崩瓦解，家人的魔法也都瞬間消失不見，變回平凡人。

在魔法消失的災難中，這群平凡人卻學會了互相諒解與關愛。原來，外祖母歷經戰亂時代，魔法屋是外祖父犧牲生命保護大家之時，忽然變現出來的奇蹟，此刻外祖母領悟到了愛才是根本，魔法只是工具，她不應過度重視魔法而忽略了對家人的真愛。在社區大眾的主動協助下，大家一磚一瓦又將魔法屋重建起來，就在此刻，馬瑞加家族成員忽然又恢復了魔法，並且也都找回了自己與家庭的本來面目，不再以魔法代表自身與家族。

圓通法門與魔法滿屋

歸元性無二，方便有多門。聖性無不通，順逆皆方便。

《楞嚴經》的「二十五圓通」，是二十五位聖者報告自己的修證法門，包含十八界與七大。眼見色，耳聽聲，鼻嗅香，舌嘗味，身觸物，意感知；六根遇見六塵，發生六識，這是十八界。地、水、火、風、空（虛空）、根（覺性）、識（心識），則是七大。這二十五門代表從一切萬法中都可以修行入道，因為真理遍在一切處所。

《魔法滿屋》中的種種神通妙用，正可對應二十五種圓通法門，每個人都能從自己的特質與專長來體悟真理，只要一門深入後，能夠拋開執念，就能展現真空妙用，活出自性光明。

外祖父犧牲生命時，出現了永不息滅的魔法蠟燭，表徵家族溫暖長存，燈火相傳，這屬「火大」的功能。魔法蠟燭變現的魔法屋，則表現「地大」

圓通的特質，堅硬的物質可以有靈性，宛若人的身體。魔法屋中的小房間，呈現出符合每個人魔法特質的廣大空間，小房間能容納大空間，這是「識大」變現的夢幻空間，如大姊伊莎貝拉的房間是座漂亮的美麗大花園，這又相應於「色、香」圓通。二舅布魯諾的房間是沙漏及階梯升進的空間，代表窺見時間與未來，這對應「眼識」圓通。三表弟安東尼奧的房間是叢林，他能與動物溝通，這是屬於「意識」的他心通。

大阿姨佩芭，擁有操控天氣的魔力，但會受心情影響，開心則晴朗，擔心會颳風，生氣將打雷下雨，這通向於「空、風、火、水」的圓通。大表姊朵樂千里耳，相應「耳識」圓通。二表哥米洛，會變身成別人的樣子，相應「身識」圓通。母親胡莉葉塔，能製作出有治療效果的食物，相應「味塵」圓通。二姊路易莎力大無窮，相應「身根」圓通。

主角米拉貝兒，沒有魔力，其實卻有最棒的天賦「根性」——覺性，米拉貝兒以自己平凡的本來面目，機敏勇敢地追究真相，以慈悲喜捨對待眾人，化解外祖母、二舅、大姊、二姊的各自心結，將家族成員一一聯合起來，讓家人都能體悟到本來面目，洞悉魔法天賦的好壞高低都是外在的，不要因此而迷失本心，魔法屋因此才能重建起來，大夥也才都能恢復魔法，繼續為鄉里服務。

米拉貝兒在魔法滿屋中流露出平常心是道，搬柴運水其實一樣也是神通妙用的展現。

信為道元功德母
——喚起人性的美好《尋龍使者：拉雅》

信為道元功德母，長養一切諸善法，
斷除疑網出愛流，開示涅槃無上道。

《華嚴經．賢首品》開示，信心是修道的根本，清淨的信心才能斷除疑網，出離愛恨情仇的執念，進而長養善法，打開顯示無上聖道。

《尋龍使者：拉雅》（*Raya and the Last Dragon*）是二〇二一年唐．霍爾（Don Hall）和卡洛斯．羅培茲．埃斯特拉達（Carlos López Estrada）共

同執導的迪士尼經典動畫電影。故事以東南亞文化為背景而編撰，述說「龍心國」的拉雅公主，尋找到世界上最後的一條龍，終於打敗邪惡的「莊魔」（Druun），拯救「神龍國」。東南亞文化與佛教關係密切，且讓我們從《華嚴經》、《正法念處經》解讀尋龍故事中的神龍、惡魔、人心、信任等主題。

法行龍王增長大力

若人順法，孝養父母，供養沙門及婆羅門，修行正法，令法行龍王增長大力。以法勝故，降微細雨，五穀熟成，色香味具，無諸災害，果實繁茂，眾花妙色，日月晶光，威德明淨。

根據《正法念處經．畜生品》，若人間善多，將感召奉行善法的天神、善龍增長勢力，護佑人間；反之，若人間惡多，則崇尚邪行的妖魔、惡龍的力量將會熾盛，魔強而法弱。

本片神龍國中的龍都是善龍，天龍降下雨水，帶給人類生機與繁榮；然而人心不古招感「莊魔」前來，如瘟疫般吞噬生靈，莊魔是藉人類紛爭中的黑暗能量孕育而生，魔眾所經之處，眾生都會變成石像，此刻眾龍同樣不敵莊魔而石化，最後僅存的龍神，以神力化作龍珠，庇護大地，龍珠的威力使得石化的人類復原，但眾龍卻依然石化不動，而龍神下落不明，「因為人類不配擁有他們」。

人類復原之後，爭奪龍珠，神龍國分裂為龍牙、龍心、龍脊、龍爪、龍尾五國，敵對交惡，各懷鬼胎；亦如當今世界病毒肆虐，各國爭搶醫療資源的自利心態。故事中，「龍」代表人心祥和，「魔」代表人心邪惡，而「石化」則可象徵沒有意義的人生，分裂的「五國」表示五方（世界）不睦，或可表徵「貪、瞋、癡、慢、疑」五毒熾盛。

諸龍變化如佛自在

護世城中雨美膳，色香味具增長力，
亦雨難思眾妙寶，悉是龍王之所作。
又復於彼大海中，注雨不斷如車軸，
復雨無盡大寶藏，亦雨種種莊嚴寶。

《華嚴經．賢首品》說，龍能興雲布雨、擊雷閃電，亦能雨寶、雨食，甚至以「諸龍變化佛自在」來形容龍的變化自在。

正如片中的五龍：「安巴」身有光芒，「西蘇」是水中蛟龍，「普拉妮」能變作人形，「賈格」能吐霧氣，「盤古」能行雲雨，諸龍具有種種神通變化，龍女西蘇後來具足五龍之力，才得以拯救世界。「五龍」可代表五方（世界）和合，或者「信、進、念、定、慧」五種善根與力量的圓滿。

菩提心者猶如龍珠

菩提心者，猶如龍珠，能消一切煩惱毒故。

《華嚴經．入法界品》將龍珠比喻為菩提心，因為龍珠能消除一切毒害，而菩提心能除滅一切煩惱：「譬如有人，得龍寶珠，持入龍宮，一切龍蛇不能為害。菩薩摩訶薩亦復如是，得菩提心大龍寶珠，入欲界中，煩惱龍蛇不能為害。」

影片中，五位龍神合力變化產生出一顆威力強大的龍珠，龍珠的光輝能量能驅除魔力，使得石化的人類重獲生機。但不幸的是，人類不明白龍珠的光明意義，在爭奪龍珠時，竟將龍珠摔裂成五塊，五國各自奪占一塊，龍珠力量受損，莊魔立刻重現世間，又將人群石化。

依心而有十二因緣

不知真諦名無明，所作思業愚癡果，
識起共生是名色，如是乃至眾苦聚。
了達三界依心有，十二因緣亦復然，
生死皆由心所作，心若滅者生死盡。

《華嚴經．十地品》開示三世因果輪迴的「十二因緣」：前世（無明→行）→今生（識→名色→六入→觸→受→愛→取→有）→來世（生→老死），十二因緣的順流而下，便是三世輪迴中鈎鎖相連的惑、業、苦。

拉雅為了解救石化的父親及眾人，一心找尋失蹤的龍神，與她共同尋龍的夥伴或敵人，其實多少都處於迷失智慧的狀態，恰可搭配十二因緣：父母遭受石化的小娃兒諾諾與小猴子組成盜騙集團，代表人生下來就承繼著前世的無明愚癡與盲目行動（無明→行）；因為莊魔怕水，船伕小男孩波弟一直生活在小船上，不敢登陸，代表以心身去感受環境，想要保持自我生存的單純心態（識↓名色↓六入↓觸↓受）；充滿正義感的少女拉雅，曾因遭受至交龍牙國公主納瑪莉欺騙，喪失對人的信賴，拉雅與在善惡之間掙扎的納瑪莉，一再打鬥爭勝，代表愛恨貪瞋交織（愛）；成家立業的孤獨中年勇士阿堂，則代表人生執取，卻只得到空幻的業果（取↓有）。眾生都因被魔力震懾傷害，失落了足以對抗邪魔的智慧，漂溺生死，尋龍正是為了逆轉生死（生↓老死）。

信樂最勝猶如意寶

是故依行說次第，信樂最勝甚難得，
譬如一切世間中，而有隨意妙寶珠。

《華嚴經・賢首品》開示，修行的開始，信樂最為殊勝難得，信樂如同可以心想事成的如意寶珠。

影片中，特別強調「信任」的美德，為信殉道，因信重生，大死大生。拉雅說：「世界已經毀壞了，你不能相信任何人。」龍女西蘇卻直指人心：「也許就是你們不信任別人，世界才會毀滅的。」

龍女無私無我，寧可自己受傷，也不惜一再信任他人，她相信人心本善，惡人終能受到感化。為了感化納瑪莉，龍女不幸瀕死，當這最後一位的龍神即將隕歿之時，河流乾涸，莊魔肆無忌憚橫行大地。「龍女」代表無私的慈悲大愛，教導感化眾生，找回內心的光明力量，打破十二因緣以保護自我為中心的慣性思惟方式。

「水」象徵生命之源——純真善良的心，龍女死去、河水乾涸代表黑暗來臨，這時五位尋龍人在黑暗中被眾魔團團圍住，各自拿著一塊破裂龍珠對抗莊魔，拉雅憶起了龍女的教誨，不惜身命，把自己的龍珠交給背叛者納瑪莉，之後拉雅立刻被莊魔吞噬變成石像，拉雅的殉道感動眾人，紛紛效法，最後納瑪莉也幡然醒悟，不負眾人所託，終將五塊龍珠組合起來，龍珠重新放光動地，石化的人類與龍族全都復活回來，分裂的五國也重修舊好，「眾龍一心，迭共為伴，龍女圍遶」（《正法念處經》），世界又恢復成為充滿祥瑞的人間樂土。

以上運用《正法念處經》、《華嚴經》中的「法行龍王增長大力」、「諸龍變化如佛自在」、「菩提心者猶如龍珠」、「依心而有十二因緣」、「信樂最勝猶如意寶」等經文，解讀尋龍故事中的善惡勢力、龍、珠、水、魔、石、五龍、五國、五人、信心等主題中蘊藏的法義。其實人人都是尋龍使者，內心也都有一顆珍貴無比的龍珠！

〈覺林菩薩偈〉：心如工畫師
——彩繪人生的《阿拉丁》神燈故事

爾時，覺林菩薩承佛威力，遍觀十方而說頌言：
譬如工畫師，分布諸彩色，虛妄取異相，大種無差別……

《華嚴經．夜摩宮中偈讚品》覺林菩薩以十首偈頌闡釋「一切唯心造」的道理，其理甚深卻不離對日常生活的觀照。

《阿拉丁》（*Aladdin*）是二〇一九年蓋．瑞奇（Guy Ritchie）執導，將迪士尼於二十七年前推出的動畫版電影，改拍成真人版上映。阿拉丁的神話原出自阿拉伯民間故事《一千零一夜》，主角阿拉丁喚醒神燈中的精靈，精靈可讓阿拉丁的三個願望成真。

阿拉丁該如何許願？且讓我們依序對照〈覺林菩薩偈〉十頌，解讀阿拉丁美夢成真的故事和法義。

彩畫心世界

大種中無色，色中無大種，亦不離大種，而有色可得。
心中無彩畫，彩畫中無心，然不離於心，有彩畫可得。

「大種」是指物質的基礎元素，所謂「地、水、火、風」四大種類，「大種」也可引申為各種基本的存在要素。地、水、火、風四大種的性質分別是堅、濕、煖、動，只是觸覺的對象，並不涉及顏色，色彩是視覺的對象，而在青、黃、赤、白的顏色中，本也沒有堅、濕、煖、動的存在。但彩色的世界卻要依附物質大種而顯現，也就是原來沒有色彩的世界，在我們眼中卻能看到多彩繽紛，何以如此？這就如同工畫師的心中原無彩畫，遇境逢緣，卻能繪出彩畫，繪出的彩畫雖然已成物質，之中並無心的存在，但彩畫的產生卻也不能離心而有。這告訴我們，眾生所見的世界是自己心識的造作與顯現，外貌狀似客觀，但其實非真，猶如一場幻夢。

神燈裡的藍色精靈，正如工畫師，心中本無彩畫，而依於主人的心願進行變化、創造，精靈說他的神變只是幻術、障眼法，無法改變人心，正是因為「彩畫中無心」啊！阿拉丁與邪惡大臣都曾擁有神燈，阿拉丁真心愛公主，想要變身成為王子，贏得公主青睞；邪惡大臣不喜歡高貴勇敢的公主，卻企圖成為國王，想要變身為大巫師，以魔力控制王國。眾生都是工畫師，面對相同的人、事、物，雖然這「大種無差別」，卻各自「虛妄取異相」，千差萬別的妄想，紛紛「分布諸彩色」，彩繪自己的美夢。

彼心恆不住，無量難思議，示現一切色，各各不相知。

譬如工畫師，不能知自心，而由心故畫，諸法性如是。

眾生的心識活動不停歇，無量無度地攀緣貪求，難以思議地變現一切，活在大夢中卻不知是夢，夢中世界分裂為我、人、眾生、萬物，各各貌似獨立，以滿足自我的種種意欲需求，竟忘了原為一體而互不相知，眾生一直因迷惑貪欲而被困於夢境之中。

同樣地，神燈中的藍色精靈具有千變萬化的魔力，卻不自由，精靈的規矩就是奉命行事，被囚禁於小燈之內，永無止盡地滿足主人的願望，變現幻境，並被欲望的主人所控制，而主人其實也被幻境迷惑禁錮。阿拉丁原本要用第三個願望，賜予精靈自由，但阿拉丁為了讓精靈持續幫助他，一直不肯許諾第三個願望，以便繼續操縱精靈，忘失了自己善良的本心，「不能知自心」！

若就「萬法唯心」的立場來看，「精靈」可象徵被貪欲困住的自家佛性，自我欲望要他不停變現一切，但自我卻不知其實物物都是自己的心相變現，物物都外化成為了無情之物，沒有靈性，互不相知相通。

「藍色」是藝術性、創造性的動力；「神燈」代表顯現神變的智慧；「魔毯」則象徵渴望自由自在的心靈。「阿拉丁與夥伴小猴子」代表「不定性的眾生」，可善可惡，所以阿拉丁是善良的小偷，而小猴子雖經一再告誡仍忍不住偷拿紅寶石，正是猴性不定。「手握眼鏡蛇權杖的邪惡大臣與夥伴鸚鵡」代表「定惡眾生」，邪惡大臣原本和阿拉丁相似，起初只是街頭的小混混，但他卻走向依靠邪惡力量「眼鏡蛇權杖」，希望一切如「鸚鵡」般被他控制操縱。「公主與夥伴大老虎」代表高貴勇猛的「定善眾生」。

當阿拉丁真心愛上公主，就從不定性，經歷善惡爭鬥，而走向定善。不論善惡眾生都被自己欲望變現的事物圍繞，不知這些都是心內之物，一再向外追逐，尤其邪惡大臣以無窮的權力欲望，貪心地許願，要讓自己變成擁有無量魔力的精靈，但卻忘記了精靈是不自由的，最後下場落得被禁錮於神燈之中。

美麗新世界

心如工畫師，能畫諸世間，五蘊悉從生，無法而不造。
如心佛亦爾，如佛眾生然，應知佛與心，體性皆無盡。
若人知心行，普造諸世間，是人則見佛，了佛真實性。

心如工畫師，能夠變現世間萬法，也能造佛、造眾生。

阿拉丁第三個願望是要賜予精靈自由，這表示阿拉丁不再貪求，而也唯有願意放下貪欲，心才自由。但阿拉丁面臨考驗時卻遲疑了，仍被困於自心所造的貪癡境界中，幸而阿拉丁最終誠實面對樸實的自己，放棄原本唾手可得的王子身分與熱愛的公主，不再為自我許願，而肯許諾第三個願望，讓精靈自由，阿拉丁的心靈也才真正的自由了。當我們能徹底看破放下，就能明心見性，活出佛心。

心不住於身，身亦不住心，而能作佛事，自在未曾有。

心不為自身打算，身也不被心的意欲控制，心不控制、不攀緣，行動反而才能如理如法、自由自在。

阿拉丁決定不再計較自己的出身，「心不住於身」，勇敢地活出自己的本來面目，自身的存亡得失無懼於心，「身亦不住心」，反而得到公主和國王的認同，有情人終成眷屬。

在動畫版，阿拉丁最後繼承王位，而真人版則凸顯女權，轉由深諳治國之道的公主成為女王，兩者不論是誰必都能以正法治國。精靈得到自由，成為自己的主人，不再做欲望的奴隸，在動畫版中自由的精靈環遊世界隨機應化，真人版的精靈則變身凡人。本劇的結局在在呼應佛教中「轉輪聖王」、「菩薩應化」、「道在平常日用中」的「自在作佛事」的意象。

若人欲了知，三世一切佛，應觀法界性，一切唯心造。

《阿拉丁》的主題曲〈嶄新的世界〉（A Whole New World），《中文百科》述其歌詞大意：

瞬開你的眼睛，乘著這魔毯，讓它把我們帶到一個嶄新的世界。每一次轉身都是驚喜，去追尋新的視野；每一個時刻都值得紀念，我會追逐它們到天涯。我們將來到一個嶄新的世界，充滿驚險和奇蹟，一個屬於你和我的世界。

這首歌詞表現出「一切唯心造」的美善意境，心能造佛、造眾生，端看你我如何許願！

伍

善財參學

啟蒙成長的歷程

——尋寶之旅《哆啦A夢：大雄的金銀島》

三有為城廓，憍慢為垣牆，諸趣為門戶，愛水為池塹。
愚癡闇所覆，貪恚火熾然，魔王作君主，童蒙依止住。
貪愛為徽纏，諂誑為轡勒，疑惑蔽其眼，趣入諸邪道。
慳嫉憍盈故，入於三惡處，或墮諸趣中，生老病死苦。
妙智清淨日，大悲圓滿輪，能竭煩惱海，願賜少觀察！
妙智清淨月，大慈無垢輪，一切悉施安，願垂照察我！

《華嚴經・入法界品》中膾炙人口的「善財童子五十三參」，是在文殊菩薩的指示下，善財童子參訪五十三位善知識，圓滿佛道的修學歷程。善財童子參見文殊菩薩之時，反省「童蒙」的自心充滿了貪愛、瞋恚、愚癡、憍慢、疑惑、諂誑、慳嫉等等的心魔，導致無始以來墮於輪迴三界（欲界、色界、無色界）的城廓之中，不得出離，希望如日月般光明慈悲的大智文殊菩薩，能賜予教導垂照。

《哆啦A夢》（ドラえもん）兒童卡通系列，約從半世紀前的一九六九年開始創作，陸續有漫畫、電視、電影等版本出現，歷久不衰，家喻戶曉，演繹兒童的純真、愛心、夢想、勇氣、誠實、友誼、家庭、心智成長等教育題材，亦觸及深具文化高度的科幻、宇宙、海洋、南極、古文明、環保等現代議題，老少咸宜，寓教於樂，頗受好評。唯劇中牽涉的霸凌與搞笑情節，遭到些許負評。二〇一八年上映第三十八部電影版動畫《哆啦A夢：大雄的金銀島》（ドラえもんのび太の宝島），票房打破領先二十九年的《哆啦A夢：大雄的日本誕生》（ドラえもんのび太の日本誕生），再度刷新票房紀錄。

哆啦A夢卡通持續創作長達半世紀，大雄及其友伴們依舊是小學生，猶如善財童子說的「童蒙」角色，大雄不斷地進入各種情境學習，逐漸成長，展現兒童啟蒙教育的圓滿之道，可謂另類「善財童子五十三參」。

福智善知識與寓教於樂的《哆啦Ａ夢》

一切法界王，法寶為先導，遊空無所礙，願垂教敕我！
福智大商主，勇猛求菩提，普利諸群生，願垂守護我！

善財童子讚歎文殊菩薩以法寶（佛法）遊空無礙（真空妙用），以廣大的福智做為財富，普利眾生。這也好像《哆啦A夢》中，從二十二世紀來的機器貓哆啦A夢，以「法寶」（道具）穿梭時空，化身為「善知識」，以「福智」教導守護大雄。

哆啦A夢，原是科技大量生產的意外瑕疵品，在機器人學校的學習成績並不及格，別具獨特個性，非常人性化，對大雄深具同理心。哆啦A夢的肚子上有個百寶袋，時而拿出各種道具，扮演著良師益友、忠誠可靠、拯救大雄的保母角色，但也不時秀逗惹笑，畢竟科技始終來自人性。哆啦A夢，如同胖彌勒，特別親切討喜，大肚彌勒菩薩揹著百寶布袋，遊戲神通，笑口常開，有求必應，普度眾生。

《哆啦A夢》的主角是哆啦A夢與大雄，作者藤子・F・不二雄曾說：「小時候，我就是大雄……。」「我就是個毫不起眼的孩子，性格內向，也不敢在大家面前大聲說話，喜歡在角落呆呆地沉浸在幻想中。」環繞著大雄身旁的有小學同學胖虎、小夫、靜香、小杉。

五位小學生的形象具有鮮明的典型性格：胖虎，人如其名，高胖型的孩子王，常欺負霸凌同儕；小夫，聰明投機的富家子，常跟隨胖虎，一文一武，捉弄大雄；靜香，乖巧可愛，是大雄暗戀的夢中情人；小杉，時而串場，為文武全才的資優生；大雄，閒散懦弱，愛作白日夢，看似廢柴，唯一的專長是很會玩女生遊戲翻花繩。

哆啦A夢要幫助的不只是大雄，其實胖虎、小夫等人也一併在列。這三位小學生或可代表知、情、意，或貪、瞋、癡，或智、仁、勇。小夫的聰明投機是知性與貪婪，胖虎的霸氣暴虐是意志與瞋恚，大雄的柔情傻氣是情性與癡迷。知、情、意是人心的主要功能，偏差之時引發貪、瞋、癡，若能導正則可發揮明理達用、正義勇敢、仁愛感通的高貴品德。從正能量來看，大雄、胖虎、靜香、小夫、哆啦A夢，也可說是分別表徵仁、義、禮、智、信的五德。

所以，《哆啦A夢》寓教於樂，用小學生單純的生活情調，指向做人處世的大道理。人要看清自己、認識他人，每個人都有優缺點，不必自卑和自我否定，也不必自傲和輕視他人，正如《維摩詰經．文殊師利問疾品》說：「調伏一切眾生，但除其病，而不除法；為斷病本，而教導之。」除去弊病而不否定人，轉化短處，開發長處，鼓勵人人發揮正能量，人人都有存在的意義與價值。

七寶伏藏與大雄的金銀島

知此童子初入胎時，於其宅內自然而出七寶樓閣，其樓閣下有七伏藏，於其藏上，地自開裂，生七寶芽，所謂：金、銀、瑠璃、玻瓈、真珠、硨磲、碼碯。

善財童子具有大福報，天生帶財，初入母胎時，家中就湧現七寶。「七」在佛門中代表超越六道輪迴、覺悟，「寶」表徵德行，「樓閣」表示福智，「伏藏」則表善根，善財是福智靈根深厚的童子。

眾生都具有善根，但有待開發。《哆啦A夢：大雄的金銀島》中，軟弱無能的大雄，在聽小杉講解金銀島的故事時，幻想自己就是英勇的尋寶船長，並深信金銀島真的存在，在被小夫與胖虎嘲笑後，大雄以用鼻孔吃麵條跟大家打賭，他一定會找到金銀島。大雄用激將法並撒嬌地向哆啦A夢求救，哆啦A夢從百寶袋拿出道具及地圖，大夥揚帆啟航，朝向金銀島出發。

路途上，大雄為了救回靜香，拚死追入海水深處，險些喪命，又不惜卑躬屈膝祈求引路人協助；在船難時，大雄以身作則使盡全力拉住風帆，並勇敢大聲制止正在吵架的胖虎；為了救回哆啦A夢的性命，大雄不惜獨自勇敢跳下深淵；為了導正海盜頭子與子女的相互對立，大雄真情流露勸告親情可貴，讓他們一家團圓。大雄雖然在社會競賽中不爭不求，看似懦弱無能，但為求保護心愛的人而能屈能伸，臨大節時卻能表現出名副其實的「大雄」作為。何以能夠如此？

現實世界中的大雄被人輕賤，但幻想世界中的大雄是超級英雄。大雄無數次幻想自己是英雄，一旦有機會，軟弱的人也能幹出驚天動地的大事，只因心中有愛有夢，不甘自己被剝奪殆盡、一無是處，一向的苟且賴活，不如一朝的英烈。大雄終於發現自身內在的寶藏——真正的金銀島——是找到高貴的品德，成為真正的「大雄」。在許多電影中，「弱雞」一再成為英雄，勇敢顛覆自我形象，正是令人動容處。

佛陀，即被尊稱為「大雄」，佛殿也稱為「大雄寶殿」，佛家亦有「七聖財」之說，如《大寶積經．菩薩藏會》言：「云何聖財？謂信、戒、聞、慚、愧、捨、慧，如是等法，是謂聖財。彼諸眾生不護此故，名極貧窮。」真正的財寶，其實是眾生內在都具足的佛性寶藏。凡夫雖然常常軟弱無助，但只要平日多加觀照、思惟、尋覓真我，找回自己內在的「如來藏」，開發正能量，人人都能成為「大雄」。

大慈大悲與童心救世界

善哉功德藏，能來至我所，發起大悲心，勤求無上覺。
已發廣大願，除滅眾生苦，普為諸世間，修行菩薩行。
若有諸菩薩，不厭生死苦，則具普賢道，一切無能壞。
福光福威力，福處福淨海，汝為諸眾生，願修普賢行。

文殊菩薩讚美善財童子，具有滅除世間眾生苦難的慈悲願行。

《金銀島》中，兒童成為拯救世界的英雄。科學家西爾弗深愛家庭與地球，但在喪偶之後，西爾弗創造了融入妻子猜謎慣性的機器鸚鵡，用來陪伴小孩。後來他看到未來地球資源枯竭，唯有移民外太空才是辦法，之後獨自瘋狂投入太空計畫，性情大變，成為海盜頭子，掠奪地球資源，扮演殘酷的救世主。

大雄一行人偕同西爾弗的兩位子女，藉由義無反顧地拚命戰鬥及親情的呼喚，終於喚醒海盜頭子，重拾往日溫情，不再掠奪。這類童心救世界的故事，在兒童影集中經常見到，其實也正是在呼籲大人重拾童心的重要。

善財童子五十三參，同樣也是告訴我們，以純真的童心來學習一切，成佛之道就是如此。人從小到大遺忘多少純真，在社會洪流裡，將自己分裂到追逐名利與愛恨情仇的人際網絡中，到頭來究竟得到些什麼？在宣揚佛家富貴的《華嚴經》中，文殊菩薩讚美善財童子「其心清淨，猶如虛空，迴向菩提，無所障礙」、「福光福威力，福處福淨海」，以清淨的童心隨處隨手修福修慧，福德自如虛空、大海般地不可限量，這才應是大眾的立身處世之道。

哆啦A夢卡通，持續創作長達半世紀，大雄依舊是小學生，仍然不斷地進入各種情境學習，當我們觀賞大雄第三十八參「金銀島」之時，能否找回自己失去的童心、本心、初發心？

萬物說法的境教

——山林與海洋對話的《阿凡達》

此十寶山王，同在大海，差別得名；菩薩十地亦復如是，同在一切智中，差別得名。佛子！譬如大海，以十種相，得大海名，不可移奪。何等為十？一、次第漸深；二、不受死屍；三、餘水入中皆失本名；四、普同一味；五、無量珍寶；六、無能至底；七、廣大無量；八、大身所居；九、潮不過限；十、普受大雨，無有盈溢。菩薩行亦復如是，以十相故，名菩薩行，不可移奪。

《華嚴經．十地品》以「十大山王」與「大海十相」譬喻菩薩登上十地階位的功德。山林與海洋俱是無盡功德藏的具象表徵。

《阿凡達》（*Avatar*）是由詹姆斯．卡麥隆（James Cameron）創作的美國史詩級科幻環保電影，於二〇〇九年上映，創下全球最高的電影票房紀錄；後又不惜巨資拍攝《阿凡達：水之道》（*Avatar: The Way of Water*），於二〇二二年上映，具有史上最傑出的3D效果。《阿凡達》系列電影的景觀設計與畫面呈現異常亮眼，美麗奇特的山色海景令人驚歎連連！

《阿凡達》故事背景的設定在二一五四年，地球生態環境慘遭人類科技文明嚴重破壞，人類殖民外星球「潘朵拉」，透過製造複製人「阿凡達」融入當地的納美人中。「阿凡達」（Avatar）語詞來自梵文，原意是指神的肉體化身，在影片中則是指：將地球人的心識，融入科技複製的納美人身體當中，隱喻著人類以科技取代神明的野心。

「潘朵拉」（Pandora）則源自希臘神話，潘朵拉女神從盒子中釋放出一切邪惡貪婪，唯獨將「希望」保留在盒內。在影片中則是指：地球人在潘朵拉星球上憑藉科技優勢，大肆掠奪資源、破壞生態，納美人為了保存自然樂土永續經營的希望，奮力大舉反攻，掀起了科技文明與自然環保的戰爭。

《華嚴經．入法界品》「善財童子五十三參」，參參的場所都深具法義，其中第一參在妙峯山、第二參在海門國，運用山林與海洋的環境說法，表達出山海的「境教」功能。《阿凡達》的故事主場景是在山林，第二部《阿凡達：水之道》則在海洋。以下我們透過《華嚴經》萬物說法的角度，發掘《阿凡達》場景蘊涵的意義。

妙峯山與哈里路亞山

向勝樂國，登妙峯山，於其山上東、西、南、北、四維、上、下觀察求覓，渴仰欲見德雲比丘。

善財童子第一參至「妙峯山」，參訪德雲比丘，白雲千嶂中的妙峯山，是高聳雲端、妙不可言的山峰，象徵善財自此開始踏入勝樂無比的「佛境界」；德雲比丘傳授善財能普見十方諸佛的「憶念一切諸佛境界智慧光明普見法門」。

「哈利路亞」（Hallelujah）在西方宗教是「讚美神」之意，《阿凡達》中的哈里路亞山脈，具有眾多飄浮在虛空中的碩大山塊，這鬼斧神工的奇特風光，取景構想來自中國張家界雲霧繚繞的秀麗群峰，納美勇士透過攀爬藤蔓相連的這些空島，到達伊卡蘭翼龍族群的山巔居處，勇士登峰是為了要騎上伊卡蘭，降伏翼龍做為自己的坐騎，成為遨遊天際的龍騎士。

妙峯山與哈里路亞山，兩山俱有登峰造極、蛻變新生、神聖境界、高廣無礙的意義，登峰是自我昇華的指標。

菩提樹王與靈魂樹、家園樹

所有十方一切剎，廣大清淨妙莊嚴，

眾會圍遶諸如來，悉在菩提樹王下。

在《華嚴經》中經首與經尾各出現一棵菩提大樹，《阿凡達》中也有兩棵大樹——靈魂樹與家園樹。

《華嚴經》的開場是佛在菩提大樹下成道，經中反覆強調人間天上七處九會的華嚴法會，其實都不離這覺場的菩提樹，就如第九會善財第五十三參，普賢菩薩也提及十方眾會皆在菩提樹王下，因為菩提樹正表徵覺悟的生命，而覺悟的光明遍照一切萬法，所以處處皆不離覺場。《阿凡達》中高大、白淨、神聖的靈魂樹，透過樹根的網絡也與大地、草木、生靈共享訊息。

又《華嚴經》經末普賢十大願王第九的「恆順眾生」，以菩提樹王為喻：

譬如曠野沙磧之中有大樹王，若根得水，枝葉、華果悉皆繁茂。生死曠野菩提樹王，亦復如是。一切眾生而為樹根，諸佛菩薩而為華果，以大悲水饒益眾生，則能成就諸佛菩薩智慧華果。

菩提樹王因恆順眾生而能碩大繁茂。

《阿凡達》森林中的家園樹，高大無比，枝葉繁盛，提供樹洞與枝幹做為納美人的棲息地，家園樹的存在，同樣庇護了眾生，令眾生安居和樂。「大樹」可象徵建樹、樹德，代表生命的成長茁壯、開花結果，庇蔭、饒益眾生。

大海十德與水之道

思惟大海廣大無量，思惟大海甚深難測，思惟大海漸次深廣，思惟大海無量眾寶奇妙莊嚴，思惟大海積無量水，思惟大海水色不同不可思議，思惟大海無量眾生之所住處，思惟大海容受種種大身眾生，思惟大海能受大雲所雨之雨，思惟大海無增無減。

善財童子第二參的海雲比丘，常以大海做為觀修的對境，大海就如同心海、法海。

在《阿凡達：水之道》中，身為阿凡達的傑克與納美人的酋長女兒喜結連理，他不願破壞納美人的家園，因而背叛地球的殖民掠奪行動，傑克帶領家人躲避雇傭兵團的追殺，從茂密的山林遷居至遠方的海岸，投靠礁族人，以大海為師，學習十分艱難的水中生活之道，「大海連結世間萬物的生命，它帶給我們所需的一切，但也會殘忍地奪走性命。」如何從生死大海中領悟生命的奧義？影片中展現奇妙瑰麗的水中世界，礁族人與遨遊海洋、身軀碩大的圖鯨魚之間心靈相通，而在大海中同樣具有聖靈樹，生命死後被大海回收，藉由聖靈樹可以溝通亡靈，精神不死，永恆存在。

因陀羅網與萬物互聯

遍遊因陀羅網世界、諸佛世界，如風無礙，深入法界。

《華嚴經》中「因陀羅網」的理念，闡明一切萬物都如同在珠玉寶網上的明珠，彼此互聯互攝。如善財童子第五十一參彌勒菩薩時，如風無礙地遍遊「因陀羅網」的世界。

《阿凡達》系列中，同樣在在呈現萬物互聯的意象：「阿凡達」本身就是與異星人身心融合的科技人種，納美人與動植物透過身體的神經觸鬚彼此心意互通，靈魂樹透過樹根與萬物相聯……。

人類恣意破壞生態，必遭環境反撲。在《阿凡達》中靈魂樹、動植物，以及納美人各部落聯合起來反抗破壞自然的地球殖民，將貪婪的殖民人類趕回地球，阻止地球人在外星球重複犯下同樣的生態錯誤。

《阿凡達》兩部曲的理念一致，充分表達出天地萬物一體，應當尊重一切萬物與生靈。兩部電影的主要差別在於場景從山林到海洋，人生則從情侶的相識相惜過程到婚後家庭親子的相處。山林與海洋是截然不同的場域，透過人生的成長經歷，內化、豐富為心靈經驗。

高山的穩定與大海的波動，也正如善財童子一生參訪中如如不動的菩提願心與變動不居的隨緣參學，人生成長的寫照正應該是「不動如山，智慧如海；不動隨緣，隨緣不動」的山海對話。

超越聖王之道

——智勇雙全的《巴霍巴利王》

善知識教，猶如帝釋，眾會圍遶，無能映蔽，能伏異道、脩羅軍眾。

《華嚴經．入法界品》善財童子第十二參，參見自在主童子之後，思惟善知識的教誨，深感其教法的威德力，猶如帝釋天主能戰勝阿修羅大軍般的強大。

印度知名導演拉傑摩利執導的奇幻史詩電影《巴霍巴利王》二部曲，佳評如潮，二〇一五年推出上集《帝國戰神：巴霍巴利王》，二〇一七年再推下集《巴霍巴利王：磅礡終章》，成為全球賣座第一的印度電影。《巴霍巴利王》呈現出壯闊的戰爭場面、神奇的武打動作、殘酷的宮廷鬥爭、一見鍾情的愛情故事，全劇想像力奔放，高潮迭起，令人驚心動魄。且讓我們從《華嚴經》的「善知識教」來看《巴霍巴利王》中的王霸之道。

轉輪聖王出世的印度夢

故我國人美王盛德，歌讚王猷，咸稱我王為甘露火。我王復以種種方便調御眾生，決其諍訟；撫其孤弱，恤其惸獨，遂其勝行；皆令永斷十不善業；正修十善如轉輪王所行之法。

善財童子第十七參，參訪甘露火王，人民讚美國王如轉輪聖王。《華嚴經．十地品》中更說，第二地「離垢地」菩薩，戒行圓滿，多半會示現做為轉輪聖王，令其國民廣行十善業。

《巴霍巴利王》以印度傳統的轉輪聖王思想為背景，巴霍巴利王的故事，令人聯想到佛陀或阿育王的傳記，對照解讀將能更加了解印度文化與佛教思想。

古印度大小邦國林立，在印度傳說中，轉輪聖王是統一世界的君王，並以正法治理世界。

佛陀誕生後，婆羅門預言：「小王子（悉達多）長大後將成為轉輪聖王，或者出家成為佛陀。」印度劇《佛陀》中，提婆達多是悉達多的堂兄，武藝及能力過人，但在各方面都被悉達多比了下去，因此一生都與悉達多在武藝、后妃、王位、才能上爭風吃醋。悉達多拋棄王位與捨離家庭，經歷禪定與苦行，終於大悟成佛，提婆達多竟也跟隨出家，但又重演在家時的心態，意圖謀取佛陀的法王之位，甚至三度動手要殺害佛陀，最終卻害死自己，而佛陀始終寬容慈憫提婆達多。佛陀成為法王，以正法教化印度諸國的王臣與民眾，開示世間善法與教導解脫輪迴之道，成就遠勝轉輪聖王。

在孔雀王朝時代，阿育王被尊為轉輪聖王。阿育王與其兄爭奪王位取勝，殺死全部的王族政敵，在統治初期是位暴君。後來阿育王篤信佛教，統一印度，成就古印度空前強盛的時代，在民眾的歡呼聲中統治長達四十一年。

《巴霍巴利王》中，巴霍巴利意為「力大無窮」，強盛的馬西馬帝王國則是「終極的烏托邦」之意。巴霍巴利身為王儲之時，類似悉達多太子是天縱英才，能力在人神之間，仁慈、博施、孝敬、勇敢、機智、神力、武藝超群、人民擁戴，表現英雄與聖王之姿。

巴霍巴利的兄長帕拉提婆，好似提婆達多的角色，能力與巴霍似在伯仲之間，但實略遜一籌，帕拉為了爭奪王位與后妃，各種詭計、背叛、凶殘一一浮現，殺死巴霍與親生母親，成為暴君，這又恰與阿育王爭奪王位，殺死全部王族政敵，如出一轍。之後，帕拉又被巴霍之子濕婆度復仇殺害，濕婆度終於成為正義化身的聖王。而阿育王則以自己的前後半生，扮演暴君與聖王的角色，其中的轉折乃是信仰佛教之功，轉輪聖王以正法治世，正是世人的共同企盼。

——真愛無悔的愛情悲喜劇

彼城中有轉輪王，名曰明淨寶藏妙德；為大法王，治以正法，從蓮華生，具三十二大人之相，七寶成就。王有千子，端正勇猛，有十億大臣，王有寶女，名妙德成滿，端嚴姝妙，目髮紺色，身如天金。梵音清淨，身出光明，照千由旬。

善財童子第三十四參「普救眾生妙德夜神」，女神久遠劫前曾為轉輪聖王的寶女，夫婦離染同修，歡喜共成佛道。

王儲巴霍愛上鄰國公主，公主的才藝、品德、姿容絕佳，這正與傳說中，轉輪聖王擁有端莊嫻淑的「玉女寶」為后妃，英雄、美人相得益彰，十分吻合。

但是，這位公主卻有自尊過強、不能容忍屈辱、得理不饒人的「公主病」，屢次對巴霍的母親，也就是實際執政的皇太后，惡言相向，而在婆媳之爭中，巴霍都力挺愛人，導致巴霍不斷被貶，乃至慘死，巴霍成為悲劇英雄，公主也被帕拉公開囚禁在廣場中長達二十五年，上演著巴霍與公主兩人的愛情悲劇。

即使再強大的人難免都有性格缺失，悲劇往往因為主角的某一性格缺點而發生，英雄尤其難過美人關。巴霍深愛公主，曾經跳入水中，當眾讓公主把他當作木橋，踏過自己的肩膀，走進船上，公主滿臉驕寵地踏過巴霍。佛教中有著名的「五通仙人」故事，山中有位五通仙人，神通廣大，卻禁不起名妓的考驗與誘惑，神通盡失，讓名妓騎在他的頭上進城，這是佛陀與妃子耶輸陀羅的前世故事。雖然巴霍與五通仙人的故事情境不同，但都是驕寵美人，因愛而喪失智慧、貽誤大事，縱使真愛無悔，但更應是「你好、我也好」的皆大歡喜！

鎮懾地水火風的氣魄

照智慧境界，枯竭一切眾生疑海，示金剛智，壞邪見山，昇慧日輪，破諸癡暗，皆令歡喜，成一切智。……

從彼夜神一一毛孔，皆悉具足，顯現如是十波羅蜜，教化成熟一切眾生。

善財童子第三十三參，見「喜目觀察一切眾生主夜神」，彼一一毛孔中的境界，具足布施、持戒、忍辱、精進、禪定、般若、方便、大願、大力、大智的十度，利益一切眾生，其智慧猶如金剛般的猛利，足以摧山破海。

《巴霍巴利王》也高度表現出人的精神鎮懾一切的氣魄，其中同樣蘊含了佛法的十度元素。修行人以十度法門渡過生死大海，成就佛道；成就世間法多少也必須具有十度的精神，善觀察者從世間法就可看到佛法。

雄偉的都城是征服大地的標誌，帕拉即位時，巴霍前導閱兵，兵容壯盛整齊，這屬於律儀的成就。帕拉與巴霍登上高台，這時全軍鼓譟：「為何不是巴霍為王？」全軍或以長矛擊地、或者象群蹬地，大地震動，擺飾紛紛動搖掉落，巴霍舉起落下的國王傘蓋，不起異心，如如不動地護衛國王，這是定力成就。

巴霍曾用巨大的投石器，挾帶大片抹油的紅布發射出去，火攻蠻族，布巾有如天上的大雲，乘風飛落至敵軍陣營。巴霍也曾用火牛陣以及決堤大水，攻擊來犯的敵軍。這些都是善巧方便的成就。

巴霍因國王的嫉妒與母后的誤會，被殺害時，背景是一片火海，但巴霍絲毫無懼死亡，高喊王國萬歲，希望母后平安。巴霍在水深火熱中殲敵及死亡，巴霍之子濕婆度則在水深火熱中重生。巴霍死後，太后將小嬰兒濕婆度高舉封王，背景正是一片熾烈火焰。後來，皇太后逃難，整個人溺沒於河流中，雙手卻將濕婆度舉出水面，直到有人救起小嬰兒，太后才被水沖走。這表示生命終雖一死，但精神會延續下去，人生的意義在於精神永恆。

太后與公主實是一脈相承，都曾上演赤腳行路、頭頂火盆的宗教祈福儀式，途中大象發狂、敵人擾亂、油水起火、巨像崩塌等等阻礙，完全無法阻擋她們堅定的步伐、勇敢的眼神，這意味著堅忍、精進的成就。儀式最後要用火盆之火燒滅邪神之像，象徵淨化罪孽，暴君帕拉正是死於這正義之火，而這更當是指以般若的智慧大火燒盡貪、瞋、癡、慢、疑熾盛的五毒魔君。

濕婆度的成長過程中，一直想攀爬上萬仞峭壁的瀑布，這表徵人人都有返本還源的願心。一天攀爬途中，忽然見到美麗的女神在前方不遠處，濕婆度於是鼓足勇氣，不畏艱險，發揮過人的神力與機智，一路追尋女神，終於攀上高不可登的懸崖，這代表在擁有方便（女神）的引導之下，成就大力與大智，正是所謂「先以欲鉤牽，後令入佛智」。

劇終，暴君巨大的黃金頭像，順著流水而下，跌落毀壞在瀑布下方的濕婆神像旁，象徵真理無處不在，而暴虐終將臣服、消逝。

水火無情，水能載舟，亦能覆舟，端看如何駕馭使用！眾生的本性中，都具足地、水、火、風的能量，地為堅固性、水是溼潤性、火是熾熱性、風乃流動性，地、水、火、風四大皆空，現象並不實在，地、水、火、風是隨順眾生的心意而顯現，心能呼風喚雨，能令大地震動，心才是世界的主人。

《華嚴經・十地品》中以戰爭比喻修行，「念處為弓根利箭，正勤為馬神足車，五力堅鎧破怨敵，勇健不退入五地。」世間英雄與聖主能除暴安良、轉危為安、點石成金、化腐朽為神奇；而修行人則在戰勝自心，若能達致究竟的大雄大力、自在轉變萬象、圓滿十度，這就是如來！

甘露火王的將帥之道

——忠勇真的《花木蘭》

終嚴鼓戒，兵順天肅，勵乘便逐，宜安營相地。
如是主將，受命臨戎，攻守以時，戰無不利。

《華嚴經．入不思議解脫境界普賢行願品》中，善財童子第十七參，正要前往參訪甘露火王（亦譯無厭足王）時，先遇見婆羅門告訴善財，甘露火王具有種種王道治國之德，亦提及國中的將帥主兵之道。

《花木蘭》是中國家喻戶曉的古代傳奇故事，美國迪士尼影業繼一九九八年《花木蘭》（*Mulan*）動畫版電影之後，二〇二〇年耗費巨資由妮基．卡羅（Niki Caro）執導的真人版電影上映。

中國影視方面，也曾拍過多部《花木蘭》的影劇，木蘭女扮男裝、代父從軍，身上總散發著人間美德的光芒。以下我們對照《華嚴經》的將帥之道，解讀花將軍的美德。

將帥之道

> 將帥者，主兵大臣。
> 必在忠淳，深仁厚義，德行兼茂，勇略無虧。
> 為護眾生，除惡務本，如日照曜，滌闇除昏。

甘露火王之國的主兵將帥，具備忠淳、仁義、勇略（謀）的美德。忠勇自是軍人的首要條件，仁義則是人之為人的普遍善性。統軍的任務在於保衛眾生——守護眾生的善良本性。

木蘭手握傳承自父親的軍劍，劍上銘刻「忠、勇、真」三字。然而，倘若喪失仁義，服從殘暴的昏君則只是愚忠，勇而無謀是匹夫之勇，真實做自己就必須先認清自己的善良本性與優缺點，否則恐怕只是耍個性的放縱自我。而木蘭的確能落實忠、勇、真之道，不愧是傳頌千古的巾幗英雄。

勇氣之道

若具最勝智方便，則住勇猛無上道；
若住勇猛無上道，則能摧殄諸魔力。

《華嚴經．賢首品》談勇猛之道，要先有善巧方便的智慧，才能成就強大的勇猛力，才有充足的正能量去摧毀惡勢力。

木蘭如何修練勇氣？木蘭幼時就聰慧勇敢，具練武天分，但由於木蘭身為女子，從小她的天賦就備受壓抑。女扮男裝從軍之後，更要時時留意、處處提防，戴上面具隱藏自己。

在與敵方女巫的對戰中，女巫看穿木蘭是女兒身，告訴木蘭：「隱藏真實的自己，毒害削弱了你的氣。」木蘭中鏢昏死後甦醒，茅塞頓開，終於放下心中的重擔，不再活在隱瞞欺騙的愧疚感中，拋開厚重的盔甲，恢復女兒身形，穿著一席大紅衣裳，正代表以熱情、勇氣、無畏，展現真實的自己，木蘭重新進入戰場，英姿颯爽，擊潰敵兵，無人能敵。

在大軍被困厄的危急之時，木蘭又展現機智，製造雪崩，瞬間埋葬了凶殘的敵軍。這表示唯有「真心」躍出，智勇雙全，強固的「妄心」才會如雪崩般地潰散，「如日照曜，滌闇除昏」。

正邪之心

一切眾生住邪道，佛示正道不思議，

普使世間成法器，此勇敵軍能悟解。

《華嚴經．世主妙嚴品》中，勇敵軍菩薩悟解：轉邪為正，才是真正的勇敵軍，方是真實的自己。

真正的戰爭其實是內心的正邪大戰，慧劍斬煩惱，正箭破邪魔。木蘭不忘初心，真實做自己，誠如《華嚴經．十迴向品》揭示的精神：「勇猛精進力具足，智慧聰達意清淨，普救一切諸群生，其心堪忍不傾動。」

羅剎女般的女巫，年輕時與木蘭起初的遭遇一樣，天賦不被認同，但她在成長的扭曲中不斷黑化，導致不擇手段地追求地位與認同。阿修羅性格的可汗，以復仇的殘暴心態發動戰爭。木蘭如何戰勝邪惡的可汗和女巫？

木蘭喚醒了女巫的初發心，女巫轉向支持木蘭，以自己的身命為木蘭擋下可汗致命的一箭，木蘭用可汗的箭，反轉射向可汗心臟，當場擊斃凶悍無比的可汗。這可表徵以「真心」喚醒「初心」之後，巫邪的心便當下消亡，而頑強的瞋心也不能敵覺醒的真心，在以「真心」迴向「瞋心」之後，以智慧之箭命中瞋心，瞋恨心當下亦被破除。經歷一連串的正邪大戰，木蘭勇敢活出真心，找到自己的真正定位。

浴火重生

淨菩提心，譬如猛火能鍊真金。（〈入法界品〉）
斷諸邪惑轉清淨，如鍊真金體無減。（〈十地品〉）
如以妙寶磨真金，所有善根轉明淨。（〈十地品〉）

《華嚴經》多處以「煉金」比喻菩薩修行，煉金好比鳳凰浴火重生，更加美麗輝煌。

真人版《花木蘭》中，以鳳凰取代動畫版中的花家守護神「木須龍」，「偷龍轉鳳」的改變，一方面是以鳳凰的力與美，表現木蘭的「女力」，這是近年來迪尼士電影在當代女性主義的潮流下相當重視的理念，何況木蘭本就是女扮男裝的巾幗英雄。

另一方面，鳳凰代表浴火重生，木蘭幼時曾因追逐而撞壞家門口鳳凰塑像的翅膀，後來木蘭將之修補如初。木蘭離家後，花家守護神鳳凰炫麗地展翅高飛隨從保護。鳳凰重生，表示木蘭在追尋自我與掩藏自我之間的掙扎與昇華，木蘭就是鳳凰力量的展現。

木蘭為救皇帝的打鬥之中，「忠勇真之劍」落入火爐內被燒毀，後來皇帝打造了一把同樣也銘刻著忠、勇、真的寶劍賜予木蘭，劍背又刻了一個孝字，表示忠、勇、真的背後動力是孝，木蘭不忘初心，建立彪炳戰功之後，不貪不求，回家盡孝，但她已由懵懂的孝，提升到忠孝兩全，光宗耀祖，如同寶劍歷劫重生，更加光輝。

人城最勝

人城，主聖臣賢，深謀遠略。

如是五城，量宜相敵，人城最勝，我國所尊。

甘露火王之國，將「主聖臣賢」稱作「人城」，在山城、水城、沙城、土城、人城等各種城池中，人城是最殊勝的護城。

《花木蘭》中，王朝的皇帝是智慧、勇敢的治國領袖，臨危不懼、動靜從容，表現出《華嚴經．明法品》的修養形象：「進止安徐如象王，勇猛無畏猶師子，不動如山智如海，亦如大雨除眾熱。」不過，當皇帝被女巫偽裝的宰相欺瞞時，就被敵軍可汗綑綁，表示智慧一旦失察，便會受制於人，須待木蘭出現方能營救。

木蘭代表「忠、勇、真」的美德，正如「木蘭花」是先開花後長葉，花開時滿樹純色，毫無雜質，在花語上寓意高尚的靈魂。木蘭即使在生死關頭也不受女巫花言巧語的煽動，忠心護國護主，救回皇帝。皇帝同時也能慧眼識英雄，在木蘭危急徬徨之時，鼓勵木蘭：「妳是個強大的戰士，像鳳凰一樣站起來！」皇帝平安回朝之後，不但不忌諱木蘭身為女子，更要委以重任，確實唯有「主聖臣賢」建立「人城」才能永保國土安康。

《華嚴經》說的將帥、勇猛、正邪、煉金、人城，與《花木蘭》電影對照起來，讓我們看到佛法生活化的生動活潑，以及生活佛法化的深刻之道。

最勝長者理斷事務的智慧

——揭開真相的《名偵探柯南》

以慧日光破無明闇，以方便風開智慧華，以廣大願充滿法界，心常現入一切智城；如是勤求菩薩之道。

《華嚴經．入不思議解脫境界普賢行願品》中善財童子「勤求菩薩之道」，於第二十三參時，參訪最勝（無上勝）長者，長者善於理斷紛爭，洞見真相。

《名偵探柯南》（名探偵コナン）是長達三十年、家喻戶曉的系列漫畫

及影視作品。二〇二四年永岡智佳執導上映的日本動畫電影《名偵探柯南：100萬美元的五稜星》（名探偵コナン100万ドルの五稜星みちしるべ，以下簡稱《五稜星》），是改編自日本漫畫家青山剛昌漫畫系列《名偵探柯南》的第二十七部劇場版，備受好評。柯南在片頭常說「真相只有一個」，且讓我們從《華嚴經》，看世間偵探之道。

無量人物，圍繞智者

（善財）漸次往詣樂瓔珞城，到彼詢求最勝長者。見在城東大莊嚴幢無憂林中，無量商人百千長者眾所圍遶，理斷人間種種事務。……（令眾生）得菩薩智慧，住菩薩正念，增菩薩樂欲，發起無上菩提之心。

最勝長者擅長以智慧理斷人間種種紛雜事務，無量大眾圍繞，長者猶如日出東方，照亮無明黑夜；又彷彿清涼的樹蔭，能令眾生離開熱惱憂怖，大眾住在「樂瓔珞城」，個個身心猶如瓔珞般莊嚴而心生喜樂。

《名偵探柯南》中的主要人物群，也是以智慧為核心而輻射展開：

身為「名偵探」，必有卓越的洞察力，小學生江戶川柯南原是高中生工藤新一，被灌服毒藥後而異變，導致身體縮小，但頭腦卻一樣靈活，柯南得到阿笠博士之助，具有許多黑科技的偵探道具，如動力滑板、強力足球、飛針手表、變聲器、資訊眼鏡等等，住在東京的毛利蘭家裡，「柯南」可代表無礙智慧（不論大小）與現代智巧（科技、東京）。

新一的父親工藤優作，是著名的推理小說家；新一的母親有希子，年輕時曾是紅極一時的銀幕巨星。新一的父母親可表徵觀察力、感受力、想像力、邏輯力、創造力的卓越表現。

新一的女友是青梅竹馬的毛利蘭，被蒙在鼓裡如姊姊一般照顧新一變身的柯南，小蘭曾得到關東地區的空手道比賽冠軍，「空手道」以空為尚，小蘭不計功利的付出，可象徵「真空妙用」。

小蘭的父親毛利小五郎，開偵探社，個性大而化之，常扮演搞笑角色，每每被柯南用飛針麻醉迷暈，柯南再藏在其身後用變聲器破案，因此毛利有「沉睡的小五郎」之稱，這可代表「大智若愚」，以小五郎的偵探之實，或許早就識破柯南動的手腳，卻佯裝迷糊。

《五稜星》從五稜星寶刀牽引出服部平次，平次是關西的高中生偵探與劍道高手，與新一是好友，一直在幫助新一隱藏身分，並常聯合探案，富有男子氣概，卻在感情方面非常遲鈍。影片中平次騎摩托車破窗衝上屋頂，又在飛行的機翼上打鬥，在在表現出冒險仗義的「武士道」與智勇雙全的傳統（劍道、關西）精神。

服部的心儀對象是青梅竹馬的遠山和葉，「和」葉是「合氣道」高手，以柔克剛、借勁使力，深諳「陰陽和合」之道，正如《五稜星》的壓軸好戲，便是平次向和葉的告白橋段：「每個人都有動機，可能是犯罪的動機，也可能是實現別人夢想的動機，當一個人喜歡上另一個人的時候，我明明是偵探，卻無法解釋原因，妳是我的動機。」溫柔的和葉令剛強的武士折服，「合氣道」也可象徵令人放下自我、超越分別、方能體悟到的「不二空慧」。

警備署代表正道，黑暗組織則是邪道。怪盜基德的形象，穿著翩翩瀟灑的魔術師禮服，常變戲法，內心良善卻扮演怪盜，作案從容機巧，代表「正中邪」的耍弄聰明。灰原哀，原是黑暗組織的科學家，服毒自盡後未死，卻身體縮小，叛逃出來，成為柯南的搭檔，代表「邪中正」的改過智慧。

「少年偵探隊」的五人，其中步美、元太、光彥三位小學生，代表向下扎根「信、進、念、定、慧」的「五根」，而柯南與灰原哀則代表五根強而有力、向上發展的「五力」。佛法的五種培養根力的要素，也正是養成偵探能力之所需。

遍學技藝，分別諸論

人與非人、村營城邑一切住處，諸眾生中，隨其所應而為說法。令捨非法，令息諍論，令除鬪戰，令止忿競，令破怨結，令解繫縛，令出牢獄，令免怖畏，令斷殺生，乃至邪見一切惡業不可作事皆令禁止；令其順行一切善法，諸可作事皆使正修；令其遍學一切技藝，於諸世間而作利益；為其分別種種諸論，隨其所應令生歡喜，令漸成熟。

最勝長者擅長理斷事務，其德能正是「名偵探」所應效法的。

菩薩道必須廣學多能，化導眾生。柯南影片中標榜「無所不知的偵探」，舉凡天文、地理、歷史、文學、人際、心理、科技、財經、武術等素養，都可能是不同案件之破案所需的知識與能力。如《五稜星》中，兩位富家千金福慧兼備：大岡紅葉隨口背誦出土方歲三的詩集中六首月亮詩的編號，鈴木園子敏銳查找遺失的町田正德日記，柯南才能順利破解重重迷霧。

佛學中藉由觀察推理各種現象而破妄顯真，偵探之道亦是如此。如《五稜星》中，怪盜基德發出預告，明確說出何時要來盜寶，卻被平次識破，因為此刻防守最加嚴密，不可能前來盜寶，這只是怪盜設下騙人的煙霧彈；再如，從東窪榮龍鍛冶的六把刀上發現的星月形符號，再配合字母密碼表與六首月亮詩的編號，一步步推演、撥開迷霧，才能悟出藏寶地點。這也好比佛學中以眼、耳等「六根」蒐集的資訊做為「指月」之用，表象的世界是因緣假立，必須從中找出被隱藏的如來祕寶——眾生本具的如來藏真心——才識真相。

唯有依據正法公理而行，才能去除自私的諍論、鬪戰。柯南劇作中，柯南、平次以其合情合理的推斷，智、仁、勇的表現，破除迷情，解開真相，常令當事人唏噓感歎，心服口服。

《五稜星》中，柯南說：「定位寶藏最重要的是高度。」一語雙關，「高度」既是距離又是心理高度。如柯南救下怪盜基德，怪盜良心發現，反而成為協助破案尋寶的天大助力。

「真相只有一個」，卻有待以智、仁、勇發掘真相，「名偵探柯南」劇作在在表現無礙智慧、傳統精神、現代智巧、觀察力、感受力、領悟力、想像力、大智若愚、不二空慧、真空妙用、五根五力、廣學多能、觀察推理、正法除諍、福慧雙修等增進生活智慧的良方，做為歷久不衰的長壽劇，確實有其善巧引人入勝之處。

與春和夜神同願同行

——將願望化為願力《星願》

我此解脫門，生淨法光明，能破愚癡暗，待時而演說。……
能生世間樂，亦生出世樂，令我心歡喜，汝應入此門。

《華嚴經・入法界品》善財童子第三十一參，至佛陀的故鄉摩竭提國迦毘羅城，參訪婆珊婆演底（春和）主夜神，女神時而化身星辰，指引方向，如春日和風，滿眾生願。

《星願》（*Wish*）是為紀念迪士尼一百週年，於二〇二三年克里斯・巴克（Chris Buck）和芳恩．維拉桑索恩（Fawn Veerasunthorn）共同執導的奇幻歌舞動畫電影，充滿迪士尼懷舊氛圍，與希望、勵志、魔幻的色彩，講述建立羅莎王國的國王具有實現人願望的魔法，但在蒐羅眾多人民的願望之後，卻開始吞食每個人願望中所擁有的能量，以增強自己的魔力，少女艾霞（Asha，意味希望）發現真相，在無助中朝星空許願，竟獲明星下凡，幫助艾霞與民眾實現心願。本片故事情節單純，但是故事透顯的精神與許多畫面的設計，在在致敬迪士尼百年以來的影片，仍不愧是部經典「紀念」電影。且讓我們從春和夜神的心願來看《星願》。

創造安居，正法教化

一一毛孔內，示現無量剎，隨諸眾生欲，種種令清淨。
若有諸眾生，聞名及見身，悉獲功德利，成就菩提道。

夜神變現或藉由引導，給予眾生所需的一切安居環境，「為行山險而留難者，為作善神，現形親近；為作好鳥，發音慰悅；為作靈藥，舒光照耀；示其果樹，示其泉井，示正直道，示平坦地，令其免離一切憂厄。……欲休息者，示其城邑、水、樹之所。」又以正法化導群生，可謂「先以欲鉤牽，後令入佛智」。

創造安居國度，正是《星願》中摩尼菲建立羅莎王國的初衷，除了保護人民安全，更要幫助民眾實現願望，美夢成真，活出自我價值。摩尼菲國王蒐羅民眾的願望，在王宮的巨大穹頂裡，每個人的「願望球」懸浮其中，如同滿天星辰。不過，後來摩尼菲認為民眾的願望常具危險性，因為貪欲無窮，沒有止盡，所以摩尼菲只有以魔法實現少數他確定是「安全」的願望，而將大多數的民眾願望保管沒收，且讓人永遠忘記自己曾經的心願，過著欠缺願望的平淡生活。摩尼菲又將自我神化，創造偶像崇拜的愚民風氣，自大自戀，掌控決定一切，凡事將自我行為合理化，不容異議，面對質疑異常憤怒，逐漸黑化，彷彿中邪成為惡魔一般。

夜神則有善巧方便，「若有眾生行暗夜中，迷惑十方，於平坦路生險難想，於險難道起平坦想，以高為下，以下為高，其心迷惑，生大苦惱，我以方便舒光照及。」夜神以光明照亮眾生心，使離迷惑顛倒。而也唯有能讓眾生福慧具足，才能無後顧之憂地大方滿足眾生的願求。

感應道交，吉星高照

（善財）從東門入，佇立未久，便見日沒。心念隨順諸菩薩教，渴仰欲見彼主夜神。……作是念時，見彼夜神於虛空中。……形貌端嚴，見者歡喜，眾寶瓔珞以為嚴飾，身服朱衣，首戴梵冠，一切星宿炳然在體。

善財童子參訪求道，於暗夜中渴仰欲見主夜神，感應道交，夜神顯現莊嚴無比的星辰身相。「善財童子」表徵具有福德、赤子之心、不忘初心的求道之人，「主夜神」證得「破一切眾生癡暗法光明解脫」：

我於夜闇人靜，鬼、神、盜賊、諸惡眾生所遊行時，密雲重霧、惡風暴雨、日月星宿並皆昏蔽不見色時，見諸眾生，若入於海，若行於陸，山林、曠野、諸險難處，或遭盜賊，或乏資糧，或迷惑方隅，或忘失道路，慞惶憂怖不能自出；我時即以種種方便而救濟之。

夜神在黑暗無明中，能指引眾生，因此夜神身上以明亮的星宿裝飾。《星願》中，充滿熱忱與正義感的艾霞，發現國王的虛偽與偏執之後，對於人世的真假善惡，滿懷疑慮愁憂，不禁仰望星空許願，竟引發出一道讓人感受到慈愛、喜悅、希望的神光照耀王國，原來這是一顆許願星下凡，五芒星狀肥嘟嘟的身軀，愛心狀的可愛臉龐，伴隨、指引艾霞如何實現大愛願心，艾霞不畏艱險，勇敢挺身而出，希望大家活得更好，以及願望都能實現，其實這正類似於摩尼菲國王的初發心。

法身光明，交相輝映

汝法身清淨，三世悉平等，世界悉入中，成壞無所礙。

我觀一切趣，悉見汝形像，一一毛孔中，星月各分布。

夜神法身與萬法相融，身上「一一毛孔內，悉放無數光」，夜神平等照亮世界，開啟一切生靈的光明覺性。

《星願》中明星光照世間，下凡後牽引閃閃發光的紅線連繫樹林眾多枝條，線上網絡形成星號標誌，表示在星光中萬物血脈相連。明星又以光點灑向周遭動、植物，開啟牠們的說話能力，大眾異口同聲唱出：「萬物一體，你我其實都是明星，彼此方能感應互通，即使在一片黑暗之中，亦不改我們個個都是藝術珍品的本來面目。」種類各異的動物們歡樂歌舞，將艾霞團團圍住，一圈一圈，或順轉、或逆轉，形成一幅美妙的同心圓，正如密教中輪圓具足、眾聖集會的「曼荼羅」（Mandala）壇場。

菩薩遊戲，滿眾生願

為在陸地一切眾生於夜暗中遭恐怖者，現作日月及諸星宿、晨霞、夕電種種光明，或作屋宅，或為人眾，令其得免恐怖之厄。復作是念：「以此善根，迴施眾生，悉令除滅諸煩惱暗。」一切眾生，有惜壽命，有愛名聞，有貪財寶，有重官位，有著男女，有戀妻妾，未稱所求，多生憂怖；我皆救濟，令其離苦。

夜神以「菩薩解脫遊戲，如是種種成熟眾生」，「我以大神通，震動無量剎，其身悉遍往，調彼難調眾」，「能生世間樂，亦生出世樂」，夜神能變現一切，滿足眾生所有正當的願望，且能教化調整眾生的心態，夜神對這一切以大悲心遊戲往來，無我無執。

《星願》中明星示現，啟發大眾須靠自己努力實現願望，同時賜予艾霞一支仙女棒，代表神力的存在也能適時幫助眾生，之後明星即返回「空」

中，這正如同菩薩真空妙用的「無住相布施」。

在艾霞揭發國王虛偽的真面目後，大眾覺醒，紛紛站出，以群眾的大願力打敗國王的魔法，自戀狂的國王慘遭自己使用的黑魔法反噬，囚禁在鏡相中，只能孤芳自賞。王后成為領導國家的慈愛女王，鼓勵大眾齊心合力、迎難向前、勇敢追夢。

人人都有心願，「星願」代表自助而後天助，人生在世當以「修福修慧、自利利他」為總願，不要只顧自己，讓心量擴大，自己的個別願望才更容易美夢成真，人人的心願也才都得以滿足，人人美夢成真，就是人間樂土的顯現！

與喜目夜神同精進

——真善美的《神力女超人》

勇猛精進，降伏魔怨；勇猛精進，發菩提心，不動不退；勇猛精進，度一切眾生，出生死海；勇猛精進，除滅一切惡道諸難；勇猛精進，壞無智山；勇猛精進，供養一切諸佛如來不生疲厭；勇猛精進，受持一切諸佛法輪；勇猛精進，壞散一切諸障礙山；勇猛精進，教化成熟一切眾生；勇猛精進，嚴淨一切諸佛國土。

《華嚴經・入法界品》善財童子第三十三參，參訪「勇猛精進」的喜目觀察眾生主夜神，女神教導善財「大勢力普喜幢解脫門」。

派蒂・珍金斯（Patty Jenkins）執導二〇一七年《神力女超人》（*Wonder Woman*）與二〇二〇年續集《神力女超人 1984》（*Wonder Woman 1984*），

佳評連連。一九八四年是美國資本經濟起飛的年代，追求物欲與商業包裝的風氣瀰漫，影片中藉由謊言之神的「許願石」顯現，致使群眾瘋狂追逐欲望，但大眾卻不知祈願的背後，隱藏了必須付出自己最珍貴的事物做為代價。且讓我們搭配神奇富麗的《華嚴經》來看神力女超人黛安娜如何「勇猛精進」扭轉局勢，讓大眾找回自性的「摩尼寶珠」。

菩薩行如夢：勇猛精進，發菩提心，不動不退

我時於夢中，見佛諸神變，亦聞深妙法，心生大歡喜。

喜目夜神的初發心之時，是做為轉輪聖王的寶女，光采動人，於夢中見佛，之後經歷微塵數劫行菩薩道。其間誠如《華嚴經．昇兜率天宮品》開示：「恆以智慧，知諸世間如幻、如影、如夢、如化，一切皆以心為自性，如是而住。」世間如幻化的夢影，一切唯心顯現。

《神力女超人 1984》的開場，美麗大方的黛安娜憶起兒時在世外桃源天堂島的體能競技大賽，黛安娜說：「這像是一場美妙的夢。」競賽結束時，女王母親鼓勵黛安娜，想要成為傳奇的黃金戰士，需要恆久的耐心、勤奮與面對真相的勇氣，「有天妳將擁有你夢想的一切。」

之後，劇情切回一九八四年的美國，街頭飆車、商店竊盜、黑道搶劫，同時賣場的電視不斷播放「黑金」（石油）商人募集資金的宣傳：「夢寐以求的一切，都唾手可得。」

《華嚴經．十行品》：「菩薩行如夢。」〈十定品〉更說：「以夢中現相作佛事，為令眾生恆正念故。」過去如夢、實現夢想，正是《神力女超人 1984》引導全劇發展的首要觀念，如何走出對過去的眷戀與陰影？如何實現夢想？如何面對自己的心？

當人人欲望高張，全球人類瀕臨相互毀滅之際，黛安娜警覺大眾是被自己內心的貪婪，及許願石的魔力所控制住，在世界欲望橫流的大亂局中，黛安娜親身體驗到：如何放下自己的夢想顛倒？如何再度提起正念？就如黛安娜兒時的競賽中，原本一路領先，卻因得失心太重，頻頻回頭，張望他人是否追來，導致自己不慎落馬，慘遭淘汰；現在黛安娜不再拖泥帶水地向後看，劇中重複呈顯黛安娜快跑衝刺的畫面，為了拯救世界，黛安娜必須提起滿滿的正能量，奮力迅疾地勇往直前。

如意摩尼寶：勇猛精進，教化成熟一切眾生

譬如如意摩尼寶，隨有所求皆滿足。

《華嚴經．十行品》提及向摩尼寶珠（如意寶）祈願，願望就能實現。摩尼寶有不同等級，佛菩薩或神祇的法力都能化現摩尼寶，如〈入法界品〉：「成就德海神，雨摩尼寶」、「龍王女，雨如意摩尼寶雲而為供養」，然而最珍貴的摩尼寶是指佛，〈如來出現品〉：「如來身如意寶王亦復如是，名為：能令一切眾生皆悉歡喜。」從內在來看，如來便是指人人本

具的佛性，唯有找到內在的佛性，我們才能具足一切功德莊嚴。

《神力女超人1984》中的黃水晶許願石，是謊言之神所打造的夢想石，祈願後，卻會暗中奪走許願者最珍貴的事物，但「有什麼比你想要的更珍貴？」人往往為了實現心（水晶）的欲望（黃），不顧一切，最後才領悟到，追求欲望的人生竟是一齣騙局、一場幻夢。

黛安娜日日思念已故男友史提夫，無意間透過許願石，史提夫的靈魂竟占據了他人的身體，死而復生，黛安娜天天與摯愛共度美麗浪漫的幸福生活，只願天長地久；但眼見世界即將因每個人的欲望而毀滅，黛安娜縱然萬般不捨，卻還是毅然放棄了自己的唯一渴望，眼睜睜地看著摯愛消失永別。黛安娜在選擇痛失摯愛或擁抱大愛的困難抉擇中找回初發心，不再為自己追求任何事物，只為真理而活。之後，黛安娜透過「真言套索」廣播呼籲，讓大眾醒覺：人以欲望所投射出來的身心世界是虛假不實、彼此衝突、相互毀滅、充斥苦難的火宅煉獄，大眾因而及時放棄自己許下的願望，令許願石的魔力消失，世界終於恢復原有的平靜。

菩提鎧甲羂索：勇猛精進，降伏魔怨

菩提心者，猶如羂索，攝取一切所應化故。

譬如勇士，被執鎧仗，一切怨敵無能降伏；菩薩摩訶薩亦復如是，被執菩提大心鎧仗，一切業惑諸惡怨敵無能屈伏。

《華嚴經．入法界品》開示以菩提心為根本，才能將鎧仗、羂索等神兵利器，降伏與收攝眾生的力量，發揮致極，無與倫比。

黛安娜如「不空羂索觀音菩薩」：「羂索」原是在戰爭或狩獵時，捕捉人獸的繩索，菩薩手持羂索表示攝伏救護眾生，大願不空。黛安娜也持有神奇的「真言套索」，既能做長鞭武器，又能令人說實話，黛安娜更運用套索傳遞真相，及時喚醒迷茫的大眾。

黛安娜尋獲傳奇黃金戰士的盔甲，身著黃金盔甲展翅飛翔，好比〈入法界品〉云：「如諸菩薩摩訶薩，如金翅鳥，遊行虛空無所障礙，能入一切眾生大海。」

唯有以覺醒（菩提）之心善用盔甲、套索，才能降伏與許願石合一的黑金商人，及喪失人性的頂級掠食者「豹女」，並攝收廣土眾民捨妄歸真。

寶女乘空飛行：勇猛精進，嚴淨一切諸佛國土

時有女寶自然出現，飛行乘空，有大威德。

《華嚴經・入不思議解脫境界普賢行願品》提及轉輪聖王出世之時，有能與之匹配具有飛行威德的寶女出現，寶女雖然愛慕聖王，但即使兩者相伴相守之後，倘若有朝一日，聖王要以身命布施或者出家修道，寶女也能心無罣礙、大愛無私地應允及讚歎。

黛安娜貴為希臘神話眾神之王宙斯的女兒、天堂島公主，她與飛行員史提夫有著兩段（相識與復活）刻骨銘心的生死戀情，當摯愛再度為了拯救世

界而自我犧牲，此刻黛安娜銘記史提夫所說：「感受風和空氣。」因此學會了融入氣流、雲霧、閃電而能自在飛行。黛安娜馳騁天際，安住真空妙境，不再執著過往，轉化過去成為新的視野：「美妙廣闊的世界」——史提夫消逝前說的話。

黛安娜後來巧遇之前被史提夫附身的人，竟也向她說：「如此多的美妙事物！」此時有位小女孩鬆開手中的氣球，讓氣球騰空高飛，黛安娜凝望著說：「如此、如此多的事物。」黛安娜終於敞開心胸，領略出「華嚴世界」之美，真正實現了黃金戰士乃至威德寶女的恢宏氣度。片尾黛安娜乘空飛行，無住生心，繼續一往聞聲救苦的菩薩速疾行。

以上搭配《華嚴經》的「勇猛精進」、「菩薩行如夢」、「如意摩尼寶」、「菩提鎧甲羂索」、「寶女乘空飛行」，對照《神力女超人1984》的實現夢想、滿願夢石、黃金盔甲、真言套索、自在飛行，更加凸顯全劇真妄覺迷的意象——唯真不破、唯真至美。

普賢十大願王的生活應用

——穿透現實與虛擬世界《龍與雀斑公主》

如來功德，假使十方一切諸佛，經不可說不可說佛剎極微塵數劫，相續演說，不可窮盡。若欲成就此功德門，應修十種廣大行願。何等為十？一者、禮敬諸佛，二者、稱讚如來，三者、廣修供養，四者、懺悔業障，五者、隨喜功德，六者、請轉法輪，七者、請佛住世，八者、常隨佛學，九者、恆順眾生，十者、普皆迴向。

《華嚴經》中，善財童子最後參訪普賢菩薩，其中開示「普賢菩薩十大願王」，十大願王常是佛門日誦的功課，指引大眾以願導行、成就佛道。

《龍與雀斑公主》（竜とそばかすの姫）是二〇二一年細田守編導的日本動畫電影，片中的歌曲演唱與場景營造備受好評。故事主角小鈴，是十七歲女高中生，因為心理障礙無法唱歌，後來她加入網路虛擬世界「U」，卻在U中成為最受歡迎的巨星歌后。而醜陋的「龍」是U世界中的暴力分子，小鈴與龍萍水相逢，為了感化與救度龍，反而因此釋放了自己的膽怯與埋藏內心深處的傷痛，找回真實的本心。

以下按普賢偈頌的次序，依生活化、心性化的立場，解讀《龍與雀斑公主》的劇情。

禮敬諸佛：尊重眾生佛性

所有十方世界中，三世一切人師子，

我以清淨身語意，一切遍禮盡無餘。

學佛首先要尊師敬佛，佛是覺醒真理者，眾生其實都有內在的佛（覺）性，都能成佛。學佛敬佛就要尊重一切眾生，因為從內在覺性看，眾生都是佛。

小鈴自從喪母之後，便封閉內心，不再唱歌，這是她潛意識藉此阻絕曾經與母親快樂歡唱的回憶。「母親」可表徵佛性，小孩失去母親，則如離棄佛性，淪於無明懵懂之中。小鈴該如何打破心靈桎梏，找回自性天真的本尊佛呢？

普賢行願威神力，普現一切如來前，
一身復現剎塵身，一一遍禮剎塵佛。
於一塵中塵數佛，各處菩薩眾會中，
無盡法界塵亦然，深信諸佛皆充滿。

就佛法言，世界唯心顯現，宛如大夢，無異虛擬世界；華嚴境界正是在這虛擬世界中自由自在、神變無礙地展現美妙莊嚴的境界。

一天，小鈴突然進入網際網路的虛擬世界中，U世界如同晶片般小能容大，擁有五十億用戶，城市與大眾以各式各樣的虛擬樣貌存在，彷佛唯心變現的華嚴世界。科幻的虛擬世界正如「無盡法界塵」，我人的化身在虛擬世界中也可「一身復現剎塵身」，盡情展現才華，恍若進入一一微塵中的佛菩薩眾會，滿天星光燦爛，彼此在網際網路中互通消息。

稱讚如來：唱出動人心聲

各以一切音聲海，普出無盡妙言辭，
盡於未來一切劫，讚佛甚深功德海。

小鈴一進入虛擬世界即刻變身高飛，U世界的美妙剎那間解放了小鈴根深柢固的心結，自在唱頌出動人心弦的歌曲，真情流露出內心的美善功德，「普出無盡妙言辭」，成為U世界萬眾矚目的閃亮歌姬。

廣修供養：扮演最佳主角

以諸最勝妙華鬘，妓樂塗香及傘蓋，
如是最勝莊嚴具，我以供養諸如來。
最勝衣服最勝香，末香燒香與燈燭，
一一皆如妙高聚，我悉供養諸如來。

小鈴在朋友的幫助下，每次在U世界的出場扮相與歌藝境界都驚豔絕倫，博得廣大歌迷的青睞仰慕，擁有豐厚的收入；但小鈴將全部財富匿名捐給慈善機構。小鈴展現自性才情，既是供養自性佛，也是普同供養眾生，讓大眾感受到世界的美好。

懺悔業障：勇敢面對黑暗

我昔所造諸惡業，皆由無始貪瞋癡，
從身語意之所生，一切我今皆懺悔。

小鈴親眼目睹母親在湍急暴漲的河流中營救素不相識的小孩，縱使她百般哭喊母親不要丟下她，但母親依然義無反顧地前去救人，最終雖然救起小孩，自己卻不幸溺斃。悲痛欲絕的小鈴，認為母親為了陌生人而拋棄了她，是不愛她。

小鈴母親可比喻作捨身布施、不貪戀自家眷屬的菩薩；但小鈴不能認同母親的無私大愛，害怕失去所愛，在成長過程中也逐漸疏離父親與朋友，陷於自我封閉。但在U世界中，小鈴竟能關愛人見人怕的殘暴惡龍，小鈴為了取得龍的信任，甚至願意冒著失去歌迷的風險，在大眾前曝光自己平凡的真實面貌。就在她奮不顧身要救龍的時刻，心中瞬間浮現母親當年救人的一幕，她終於了解了母親，因為她也繼承了母親無私大愛的菩薩精神，這正是真實的懺悔，轉化心念，改往修來。

隨喜功德：隨緣歡喜自在

十方一切諸眾生，二乘有學及無學，
一切如來與菩薩，所有功德皆隨喜。

小鈴原先視唱歌的場合有如惡夢，總是躲在角落。釋放心結後，隨喜大眾與阿姨們歡唱；也連結了母親的大愛，打破與父親的隔閡；小鈴又從被朋友照顧保護的角色，成為與朋友平等交往，尊重自己，也隨喜接納他人。

請轉法輪、請佛住世、常隨佛學：恆常實現真我

十方所有世間燈，最初成就菩提者，
我今一切皆勸請，轉於無上妙法輪。
諸佛若欲示涅槃，我悉至誠而勸請，
唯願久住剎塵劫，利樂一切諸眾生。

佛成道時，觀察眾生難度，示現欲入涅槃，這是啟示大眾要發心請轉法輪、請佛住世、常隨佛學，唯有機感相應，正法才能常住；魔眾則急於請佛入滅。

小鈴示現本來面目之後，缺乏自信的她低頭不語，這時遭受許多流言蜚語的攻擊，但更多的是如潮水般紛湧而至的鼓勵，小鈴終於鼓起勇氣歌唱，並從內心綻放出光明能量，令無量大眾感動落淚，大眾與小鈴心心相印，心口也都泛出光芒，一燈點亮萬億盞燈火，個個照亮自己的心燈，活出真實的自我。

就在此刻感召出巨大的鯨魚群湧現，飛騰虛空，鯨魚代表大心眾生、偉大的力量，小鈴獨占鰲頭，站在鯨魚頭上開啟大型演唱會，鯨魚馱著超大音響放送小鈴的歌聲，U世界一片金光閃閃，滿滿的正能量。

——恆順眾生：真誠感化惡龍

於諸病苦為作良醫，於失道者示其正路，
於闇夜中為作光明，於貧窮者令得伏藏。

小鈴在U世界中主動關懷醜陋殘暴的惡龍，龍渾身是傷，原來他是失去母親又遭父親家暴的男孩，因此才在U世界發洩暴力。小鈴擁抱龍，為求取得龍的信任，不惜在U世界揭露自己平凡的真實面貌；小鈴也在現實世界找到龍、保護龍、替龍挨揍，終於點亮龍黑暗貧乏的心，讓龍感受到失去已久的母愛溫暖。

普皆迴向：大家一起來吧！

所有禮讚供養福，請佛住世轉法輪，
隨喜懺悔諸善根，迴向眾生及佛道。

所有努力的功德成就，迴向分享給大眾。正如小鈴唱道：

發自內心的歌啊！指引我前進吧！解放我的膽怯，讓我強大且溫柔。
來吧！活出真實的自己；來吧！開展全新的人生；來吧！創造嶄新的美麗世界。

小鈴的內心之歌，帶她走出禁錮自己的封閉世界，迎向陽光，綻放光芒，同時也開啟了眾人光明的心！

學習祈願法門

——捨身獻祭的《天氣之子》

我常隨順諸眾生，盡於未來一切劫，
恆修普賢廣大行，圓滿無上大菩提。……
三世諸佛所稱歎，如是最勝諸大願，
我今迴向諸善根，為得普賢殊勝行。

《華嚴經・入不思議解脫境界普賢行願品》中著名的「普賢十大願王」，其中第九願、第十願是「恆順眾生」、「普皆迴向」，教導祈願的法門。

《天氣之子》（天気の子）是二〇一九年新海誠編劇並執導上映的日本

動畫電影，深獲好評。本片是基於近年全球氣候異常的災害頻傳，而搭配日本民間宗教的「晴女」傳說，假想東京連綿大雨，晴女陽菜祈願天氣放晴，在與少年帆高的合作下，譜出戀曲，但東京仍難逃被大水淹沒的命運。

《天氣之子》中的晴女為各式各樣人物祈願迴向，學習、體驗著「皆大歡喜」的祈願法門。

日光雲雨的密意

譬如淨日放千光，不動本處照十方，
佛日光明亦如是，無去無來除世暗。
譬如龍王降大雨，不從身出及心出，
而能霑洽悉周遍，滌除炎熱使清涼。

陽光燦爛，風調雨順，自是人間好時節。佛經中常以日光表徵佛光普照、慧日破暗，雲雨則表示慈悲甘露、法雨清涼。如《華嚴經・入法界品》普賢菩薩開示的「佛光觀」與「業幻觀」：佛日光明，本身不動，普照十方；龍王降大雨，能使眾生霑洽清涼，但雨的本身並非來自龍王，龍王卻能調和雲水，降下大雨，雨滴又化作水泡，緣起現象生滅無常，虛幻不實，是循順業力而招感顯現。

反之，極端氣候的酷日或暴雨，造成災害，若對應到佛經中，酷日烈焰是象徵煩惱熾熱，烏雲暴雨則是無明遮蔽智慧而引發貪欲洪流。

同樣地，我們也可從佛法的角度，解讀《天氣之子》中連綿暴雨與雨過天青的象徵意義。

為了追逐陽光之夢而初來乍到繁華東京的少年帆高，立馬就遭遇超大豪雨，險些喪命，又被救命恩人敲詐，歌舞伎町的宣傳「賺大錢，我們最愛錢」，東京街頭充斥貪欲、金錢、冷漠、暴戾之氣，少年連連直呼：「東京真可怕！」

晴女陽菜與少年帆高在大雨嘩啦的水花泡沫中，訴說著自己的人生如夢，人生的生、老、病、死與世界的成、住、壞、空，確實如夢幻泡影！

晴女「恆順眾生」，為老人、小孩、病人、商人等人與看流星、賞煙火、結婚、表演等場合祈願，不計酬勞多寡，以無差別的歡喜心祈願，在短暫的陽光顯露下，灰濛濛的東京猶如換上一襲華服，就像《華嚴經．十定品》說：「日光平等，無有分別，而能令目見種種相。」大眾沐浴在燦爛的陽光中充滿了好心情，開朗、讚歎、感恩、慶祝！此則誠如〈十迴向品〉云：「以智日光照菩薩心，令其開悟智慧自在。」影片中的天氣晴朗，正可代表人性、佛性的光明；豪雨成災則象徵貪欲橫流。

神力、業力、願力

一切如來咸共說，眾生業報難思議，
諸龍變化佛自在，菩薩神力亦難思。……
眾生業報不思議，以大風力起世間，

巨海諸山天宮殿，眾寶光明萬物種。
亦能興雲降大雨，亦能散滅諸雲氣，
亦能成熟一切穀，亦能安樂諸群生。
風不能學波羅蜜，亦不學佛諸功德，
猶成不可思議事，何況具足諸願者！

《華嚴經．賢首品》開示形成世界萬象的緣起，包含諸佛神力、菩薩願力、眾生業力、自然法則等力量。

《天氣之子》也提及，控制天氣的有神明、晴女、自然等因素，如老人言：「天氣就是老天爺的心情。」占相家說：「晴女屬於稻荷系神靈的力量，雨女則屬龍神系。」

在佛家看來，佛之神力或正神之力是在護佑眾生，不過眾生所造作的業力才是主宰眾生命運的關鍵。影片中陽菜為命危的母親祈求天晴，希望能與母親漫步在藍天下，這是陽菜的「初發心」。當陽菜下意識地走向雲間陽光灑落之處，看見已遭毀棄的神社，陽菜虔誠合掌步入「鳥居」之時，神明不因無人供奉而不靈，反而賦予了陽菜祈晴的力量，陽菜成為世俗與神聖之間的代理人「晴女」；不過，當陽菜心情低落、絕望無助之際，竟也能招感出極端暴雨、閃電雷擊，乃至盛夏降雪，可見陽菜的心和天空緊密連成一氣！

「晴女」代表如菩薩「普皆迴向」般的願力，捨己為人，以身布施，在祈晴的同時，自身會逐漸透明消失。陽菜最終獻祭自己，默默承受與心愛之人離別的痛苦，讓東京恢復晴朗好天氣，令大眾歡喜，完成晴女的使命之後，在世間消失神隱，回歸天界彼岸，這是身為晴女的宿命。

然而，神明又將拚命尋找陽菜的少年帆高也領入天際，讓少男能帶少女返回人間，導致東京忽又驟然大雨。表面上看來，這是少男少女為了相戀相守，而不顧大眾利益的自私行為，但其實在劇中多處提及：「世界早就失控了」、「哪有可能是你們改變了世界的面貌？自戀也要有個限度」、「晴女只能短暫小範圍召喚晴天」、「放晴過後，卻反彈似地降下豪雨」、「東京在兩百年前本來就是一片汪洋」，在在暗示晴女的能力有限，眾生業力、自然法則勢不可擋，這正符應佛家所謂的「神通不敵業力」！

無礙願充滿法界

以慧日光破無明暗，以方便風開智慧華，
以無礙願充滿法界，心常現入一切智城。

《華嚴經．入法界品》善財童子的願心如同日光風華充滿法界。陽菜從初發心的孝感動天，到看見自己能給人歡喜，就十分開心，因而能以身布施，獻祭自己，成就慈悲喜捨，以布施波羅蜜到達雲端彼岸。陽菜在雲層上，首先經歷了身心寂滅的恐懼悲傷，之後，她平躺下來，融入雲端日光亮麗、花草如茵的太虛幻境中，似乎進入了象徵「涅槃」的一片日光風華的美妙境界。

「晴女的個性勤勉，但較為軟弱，不適合擔任主導。」或許就是這樣，所以陽菜要帶著雲端的光明體驗，重返人間，再繼續接受試煉！劇終之時，陽菜依然在祈禱，她始終都在奉行祈福迴向的法門。

如何修好祈願法門？聖嚴法師在《祈願．發願．還願》中開示：

發願的最高境界，是隨時隨地、沒有特定對象，盡虛空、遍法界的，只是一個單純的善念。就如《華嚴經．淨行品》中所述的一百四十一願，每一念都不離眾生，而且無論見到善的、惡的、汙穢的、清淨的，所生起的都是善念。這樣的善念是不為自己，且是不求回報的，因此，若能養成時時祈願、生起善念的習慣，就是最圓滿的大願。

這正是學習祈願法門的最佳指南！

琉璃文學 49

繁華三千——在電影中遇見佛陀

Buddhist Philosophy in Bustling Three Thousand-fold World: Meeting Buddha in Movies

作者	李治華
出版	法鼓文化
總監	釋果賢
總編輯	陳重光
編輯	林文理
封面設計	化外設計
內頁美編	小工
地址	臺北市北投區公館路186號5樓
電話	(02)2893-4646
傳真	(02)2896-0731
網址	http://www.ddc.com.tw
E-mail	market@ddc.com.tw
讀者服務專線	(02)2896-1600
初版一刷	2025年4月
建議售價	新臺幣420元
郵撥帳號	50013371
戶名	財團法人法鼓山文教基金會—法鼓文化
北美經銷處	紐約東初禪寺 Chan Meditation Center (New York, USA) Tel: (718)592-6593 E-mail: chancenter@gmail.com

法鼓文化

國家圖書館出版品預行編目資料

繁華三千：在電影中遇見佛陀 / 李治華著. -- 初版. -- 臺北市：法鼓文化, 2025.04
面； 公分
ISBN 978-626-7345-66-5 (平裝)

1. CST: 佛教 2. CST: 佛經 3. CST: 電影 4. CST: 影評

220.169 114000837